y2 65715

Paris
1838

Schiller, Frederich von

Romans

le Visionnaire

Tome 1

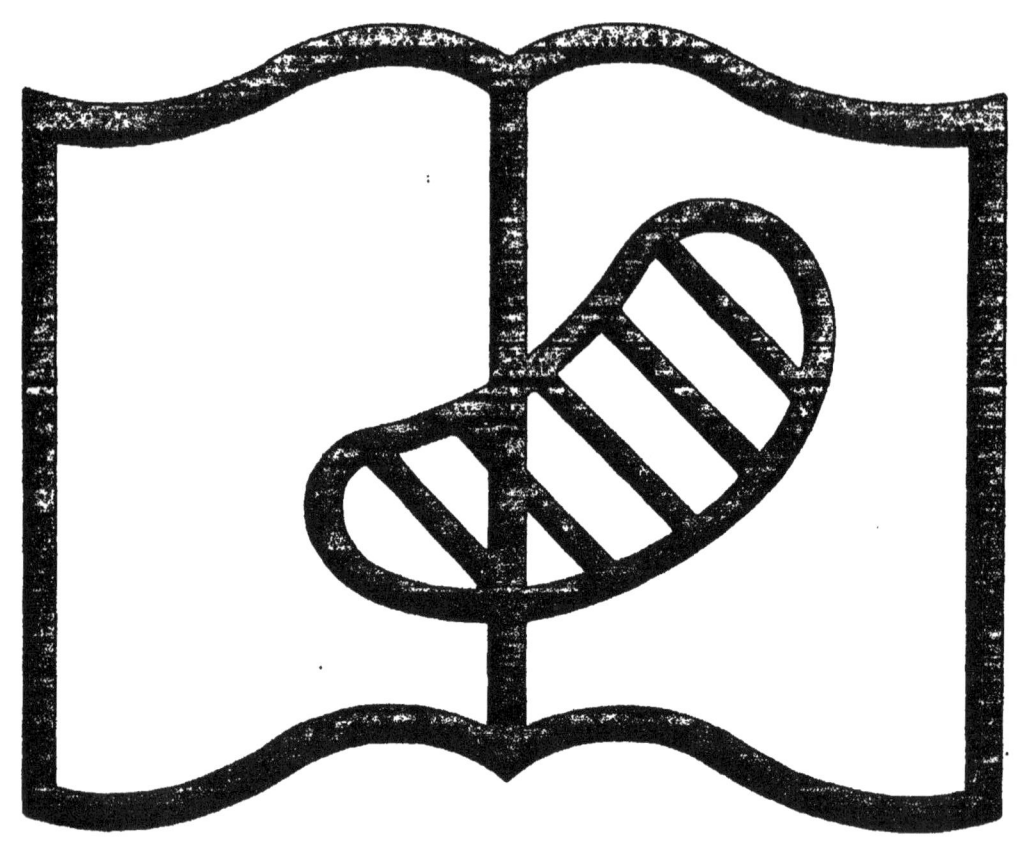

Symbole applicable
pour tout, ou partie
des documents microfilmés

Original illisible

NF Z 43-120-10

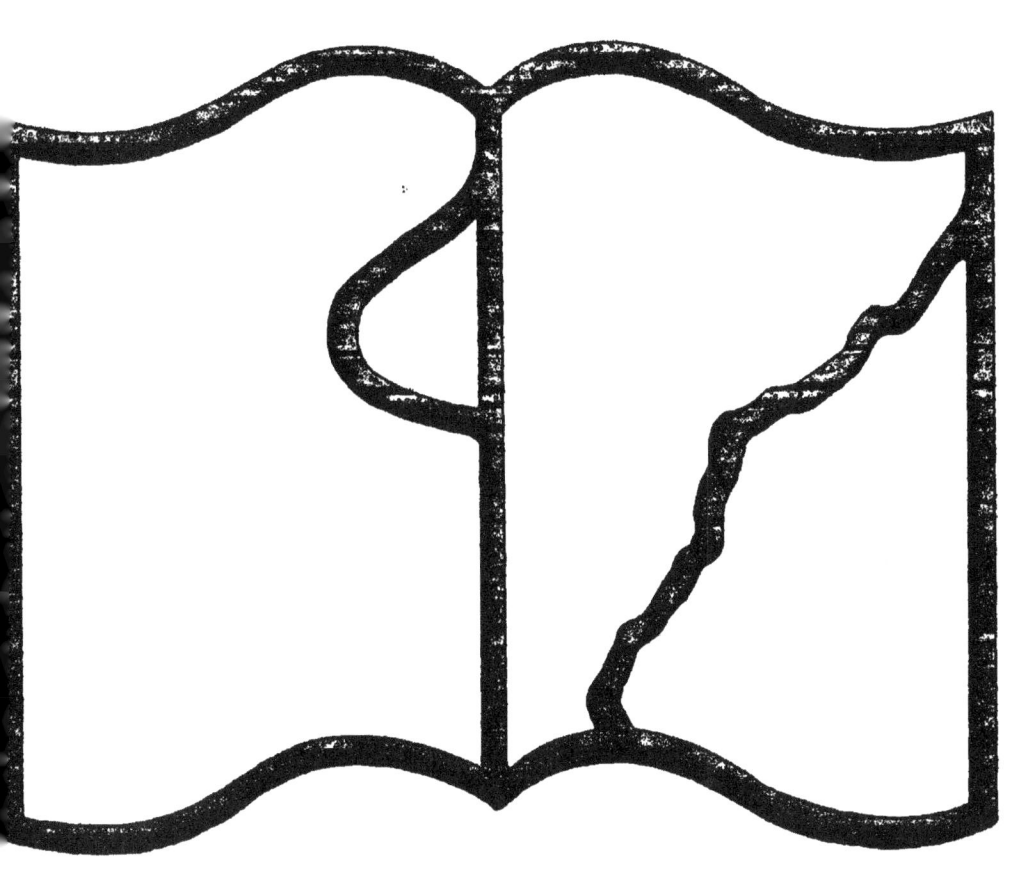

Symbole applicable
pour tout, ou partie
des documents microfilmés

Texte détérioré — reliure défectueuse

NF Z 43-120-11

ROMANS
DE
SCHILLER,

LE VISIONNAIRE, LES AMOURS GÉNÉREUX, LE CRIMINEL
PAR HONNEUR PERDU,
LE JEUDU DESTIN, LE DUC D'ALBE.

Traduction de
M. PITRE CHEVALIER,

Dédiés à
M. le Baron de Barante.

I.

PARIS,
DESESSART, ÉDITEUR,
RUE DES BEAUX-ARTS, 15.

1838.

ROMANS DE SCHILLER.

ROMANS
DE
SCHILLER,

LE VISIONNAIRE, LES AMOURS GÉNÉREUX, LE CRIMINEL
PAR HONNEUR PERDU,
LE JEU DU DESTIN, LE DUC D'ALBE.

Traduction de
M. PITRE CHEVALIER,

Dédiée à
M. le Baron de Barante.

I.

PARIS,
DESESSART, ÉDITEUR,
RUE DES BEAUX-ARTS, 15.
—
1838.

Amédée GRATIOT et Cie, imprimeurs, rue de la Monnaie, 11.

À M. le Baron de Barante,

Pair de France,

Ambassadeur à Saint-Pétersbourg.

MONSIEUR,

En acceptant l'hommage que j'ai eu l'honneur de vous faire, de cette traduction des *Romans de Schiller*, vous avez bien voulu comprendre que cet hommage était moins une dédicace ambitieuse qu'une humble excuse auprès de vous et auprès de mes lecteurs.

Après le succès si populaire et si mérité des Œuvres dramatiques, non seulement j'ai du attendre que la France désespérât de voir reproduits, par la même plume, les autres ouvrages du grand poète allemand que vous lui avez révélé ; mais encore, en osant ajouter quelques pierres au monument que des missions plus importantes vous empêchaient sans doute de compléter, je me suis cru dans l'obligation de vous demander, en quelque sorte, pardon de ma témérité, et de prouver au public, par votre illustre nom placé en tête de mon travail, que j'avais mérité, sinon votre autorisation, du moins votre indulgence. Vous avez acquis le droit d'être si sévère, que cette indulgence suffira à celui qui a l'honneur d'être,

Monsieur,

Avec le plus profond respect et la plus haute admiration,

Votre très humble et très obéissant serviteur,

PITRE CHEVALIER.

Paris, 5 avril 1838.

INTRODUCTION.

On ne connaît de Schiller, en France, que ses œuvres dramatiques, popularisées avec tant de succès et de talent par M. le baron de Barante, ses histoires de *la Guerre de Trente ans* et de *la Défection des Pays-Bas*, et quelques poèmes ou ballades, au premier rang desquels on doit mettre *la Cloche*, si bien traduite par M. Émile Deschamps dans *ses Études*, en dépit de la sentence de Madame de Staël qui déclare cette pièce intraduisible. Les autres ouvrages, assez nombreux encore, de l'auteur de *Marie Stuart*, ont été souvent cités et admirés, sur leur réputation, par les critiques et les biographes français, mais n'ont été lus que du petit nombre de poliglottes assez heureux pour pouvoir les apprécier dans la langue originale ; ces ouvrages cependant sont loin d'être inférieurs aux *OEuvres dramatiques*. Le génie et le caractère de Schiller s'y déploient tout aussi bien que dans ses drames et ses poésies les plus vantés : car tel fut le privilége unique de ce grand poète, qu'après avoir débuté par un chef-d'œuvre, il mourut dans la force de l'âge, sans avoir écrit un seul ouvrage médiocre : — privilége qu'il dut, au reste, à la naïveté de sa conscience autant qu'à la supériorité de son esprit. Aussi, le monument de ses productions est-il, sinon le plus vaste et le plus imposant, du moins le plus complet et le plus irréprochable qu'aucun auteur ait jamais laissé après lui. Les *Brigands* en font la base, *Guillaume Tell* en est le couronnement, et tout le reste répond, dans sa place et dans ses conditions particulières, à ces deux chefs-d'œuvres si diversement admirables !

Voilà pourquoi l'Allemagne, adoptant et conservant ce monument dans son ensemble, n'en a jamais divisé les parties, et n'a point séparé, dans son grand écrivain, l'historien du dramaturge, ni le romancier du poète. On en peut voir la preuve dans les nombreuses et belles éditions des ouvrages de Schiller qui se sont publiées et qui se publient encore dans sa patrie, toujours complètes et toujours populaires[1].

Les ouvrages de Schiller qui sont encore inconnus en France, méritent donc d'y trouver cette même popularité qu'ils possèdent en Allemagne, et qui a été si promptement et si justement acquise aux *OEuvres dramatiques*. C'est dans ce but, dont on ne contestera ni l'utilité ni la grandeur, que nous avons entrepris la traduction que nous livrons aujourd'hui au public.

Nous avons choisi, pour commencer, les *Romans de Schiller*, comme les productions les plus propres, non seulement par leur fond, mais encore par leur forme et même par leur titre, à ramener l'attention de la majorité des lecteurs vers le grand poète, et à servir de transition entre son théâtre et ses compositions plus sérieuses. Disons aussi, en toute modestie et en toute franchise, que nous avons fait, de la traduction assez facile des romans, notre noviciat pour la reproduction, beaucoup plus épineuse, des œuvres poétiques et philosophiques. Nous complèterons notre travail, si le public sanctionne les illustres suffrages qui nous ont encouragé.

Indépendamment de la valeur essentielle des *Romans*

---

[1] Au moment même où nous écrivons ceci, le baron Cotta fait paraître une nouvelle et magnifique édition des *OEuvres complètes de Schiller*.

de Schiller, plusieurs circonstances doivent encore leur mériter l'intérêt des lecteurs et des critiques. *Le Criminel par honneur perdu* est le développement de la même idée traitée par M. Victor Hugo dans sa nouvelle de *Claude Gueux*, qui fit assez de bruit il y a quelques années. Nous ne savons si M. Hugo s'est inspiré de Schiller, et nous serions loin de lui en faire un reproche; car cette imitation là en vaudrait bien une autre; mais ce qu'il y a de sûr, c'est qu'il sera curieux de comparer deux ouvrages tirés de la même pensée par deux génies aussi différents que l'auteur de *Wallenstein* et de l'auteur d'*Hernani*. Chacun jugera pièces en main. Quant à nous, notre opinion a été promptement établie, mais nous ne pouvons la dire, sans courir le risque d'être accusé de partialité pour le mort ou de politesse pour le vivant.

Les Amours Généreux sont un récit simple et touchant, tel qu'on n'en sait plus faire. Il y a là comme un parfum des passages les plus suaves de la Bible : de l'histoire de Rachel ou de Tobie. C'est une véritable page allemande, tout imprégnée de poésie mystérieuse et d'exquise tendresse: un frais diamant, tombé de la plume brûlante de l'auteur des *Brigands*, comme une perle qui sortirait de la mer, toute blanche et toute polie...

Dans le *Jeu du Destin*, bien des existences de notre

époque pourront se reconnaître douloureusement, et plus d'un personnage se retrouvera, sans le dire, dans les portraits éternels d'*Aloysius* et de *Martinengo*.

Quant au *Visionnaire*, il est impossible d'imaginer une action plus attachante et plus compliquée, sur un plan plus simple et une idée plus sévère. Le succès de cet ouvrage fut tel, lorsque Schiller le publia à Leipzik, en 1789, qu'il en parut aussitôt une quantité de suites et d'imitations,[1] comme il était arrivé au *Don Quichotte* de Cervantes, et aux *Lettres Persanes* de Montesquieu. Il est vrai qu'à l'intrigue mystérieuse et dramatique de ce livre se joignait, lors de son apparition en Allemagne, un intérêt d'actualité, qui ne sera pas moins vif pour nous aujourd'hui, en devenant un intérêt historique.

« A cette époque, dit M. le baron de Barante, le doute et l'incrédulité avaient amené, dans quelques esprits faibles et avides d'émotions, des superstitions dignes des siècles d'ignorance. Ne pouvant se passer de croyance et de mysticité, l'esprit humain s'en allait en quête des plus grossières absurdités. Après avoir dédaigné et repoussé la foi qui console, il recherchait la foi qui épouvante... C'était surtout parmi les princes et les cour-

---

[1] Voir les notices sur Schiller, et entre autres, celle qui a paru dans la *Biographie universelle* de Michaud.

tisans que se manifestait ce besoin de duperie qui donna alors tant de vogue à des imposteurs et à des thaumaturges. Le contre-coup se fit sentir jusqu'en France, où le train du monde et les distractions de la société rendent cependant le vide de l'âme et de l'esprit moins difficile à supporter. Les prestiges de Cagliostro vinrent réveiller des imaginations blasées, et désennuyer des gens dégoûtés de tout. Schiller, dans *le Visionnaire*, a peint avec une extrême finesse cette disposition d'esprit. On y voit une succession d'aventures bizarres, entièrement conformes à tout ce qu'on racontait alors de cette nouvelle reprise de magie. Elle sont rapportées de manière à agir singulièrement sur l'imagination, et à exciter vivement la curiosité. On est sans cesse dans le doute de savoir si elle peuvent s'expliquer par des moyens naturels, ou si l'auteur a voulu se placer dans la sphère du merveilleux. Au moment où l'on croit que toutes les illusions ne sont qu'un escamotage, tout à coup un nouvel incident rejete le récit dans le surnaturel; » de sorte que le *Visionnaire* est une surprise et une fascination perpétuelle, et dépasse, sous ce rapport, à cause de l'importance du fond et de la perfection des détails, les meilleurs romans fantastiques, qu'il a d'ailleurs précédés, si même il ne les a fait naître. On trouvera, par exemple, dans le premier volume, une certaine histoire de revenant, qui a été imitée dans mille contes et dans autant de mélodrames, et qui demeurera toujours le modèle et le *nec plus ultra* du genre.

Outre ce mérite piquant, qui en vaut bien un autre dans un ouvrage de cette sorte, le *Visionnaire* est un livre de la plus haute portée morale. On y apprend, comme dit Schiller dans son avant-propos, jusqu'où peuvent aller la fragilité de l'esprit le plus solide en apparence, et la méchanceté humaine dans le plan et l'exécution d'une entreprise. Et ce double spectacle, tel qu'il est présenté par le grand poète, est en effet le plus intéressant et le plus instructif qu'on puisse voir.

Enfin, par-dessus tout cela, l'ouvrage de Schiller a un but mystérieux et redoutable, que ce n'est pas ici le lieu de révéler, et dont une plume moins timorée que la nôtre rendra compte à nos lecteurs.

Le *Visionnaire* n'est malheureusement pas aussi inconnu en France que les autres romans de Schiller. Nous disons *malheureusement*, parce que, sans avoir jamais été reproduit réellement et entièrement, ce livre a été mutilé et défiguré par deux prétendus traducteurs.

L'un, retenu sans doute par une juste honte, n'a pas signé sa rapsodie. L'autre a signé la sienne; mais tous deux ont eu l'excellente idée de changer le titre de l'original, de peur d'encourir la comparaison. Le premier s'est arrêté à la moitié du roman, ne pouvant sans doute comprendre le reste ; le second est allé plus loin, en supprimant et en changeant un peu partout, en un mot, *en refaisant l'ouvrage de Schiller.* Ce sont les propres expressions du traducteur. Nous sommes désolés d'être obligés de dire que ce traducteur d'une nouvelle espèce n'est autre que la baronne de Montolieu. Nous avons gardé, de notre enfance, le plus grand respect pour les écrits édifiants et la mémoire de madame la baronne de Montolieu, mais nous ne pouvons lui pardonner d'avoir *refait le Visionnaire,* comme elle a refait le *Robinson Suisse!..* et nous trouvons que cela mérite d'être révélé au public!.

Après cette justice faite à madame la baronne de Montolieu, une justice d'un genre tout opposé nous reste à rendre, au nom de notre cœur, comme au nom de notre conscience, à un poliglotte allemand aussi modeste que distingué, M. FRÉDÉRIC BLIEDBERG, notre collaborateur et notre ami, sans lequel, non seulement nous n'eussions pas achevé, mais nous n'eussions pas même entrepris, la traduction des *Romans de Schiller.*

P.-C.

LE

VISIONNAIRE

TIRÉ DES PAPIERS DU COMTE D'O....

L'histoire que je vais écrire paraîtra nécessairement incroyable à un grand nombre de ceux qui la liront, et cependant j'ai été témoin oculaire des principales aventures qui en font le sujet. Ce qu'il y a de sûr, c'est qu'elle offrira des éclaircissements précieux aux personnes instruites de certains événements politiques (si toutefois ces personnes vivent encore lorsque cet écrit verra le jour), et que ceux mêmes qui n'auront pas en main cette clef pourront trouver dans mon récit un des exemples les plus frappants de la fragilité de l'esprit humain.

On apprendra aussi dans ces mémoires jusqu'où peuvent aller l'audace du méchant dans le plan d'une entreprise, et sa persévérance à en poursuivre l'exécution par des moyens que lui seul peut imaginer.

Quant à moi, je déclare que la simple, la pure vérité tiendra ma plume. Je n'aurais aucun intérêt à en agir autrement, puisque je ne serai plus lorsque cet ouvrage paraîtra, et que je ne saurai jamais quel aura été son sort.

LIVRE PREMIER.

I.

A mon retour en Courlande, en 17.., je visitai, en passant à Venise, le prince de ***. C'était pendant le carnaval. J'avais connu le prince en servant avec lui dans la guerre de ...schen, et nous renouvellâmes tous deux, avec un égal empressement, des relations que la paix avait interrompues.

Comme je désirais voir ce que Venise offre de remarquable, et que le prince attendait pour quitter cette ville l'arrivée de quelques lettres de change, il me persuada facilement de rester avec lui jusqu'à son départ.

Nous convînmes donc de ne point nous séparer, et il eut l'obligeance de me faire partager son propre logement à l'*Hôtel du Maure*.

Il gardait dans cet hôtel, comme dans toute la ville, le plus rigoureux incognito, et il avait deux raisons d'agir ainsi: d'abord, cette vie plus libre convenait à ses goûts particuliers; ensuite, la modicité de ses revenus ne lui eût pas permis de soutenir publiquement son rang avec la dignité nécessaire.

Toute sa suite se composait de deux gentilshommes dont la discrétion lui était assurée, et de quelques domestiques fidèles. Il évitait la dépense par simplicité et non par avarice. Inaccessible à l'amour, jusqu'à l'âge de trente-cinq ans, qu'il avait alors, il avait résisté à toutes les séductions de la voluptueuse Venise. Une gravité profonde, et une mélancolie poussée parfois jusqu'à l'exaltation, formaient le fond de son caractère. Il avait les désirs paisibles, mais irrévocables et opiniâtres; le choix timide et lent en toute occasion; les affections vives et inaltérables.

Solitaire au milieu de la foule et du bruit, il négligeait le plus souvent le monde réel pour le monde imaginaire qu'il s'était créé à lui-même; et, comme il se savait mauvais observateur, il s'interdisait tout jugement, se permettant néanmoins d'entendre la justice de la façon la plus étrange. Personne n'était moins faible que lui, et pourtant personne n'était mieux fait pour être gouverné.

Ferme et inflexible, une fois qu'il était persuadé, il eut mis le même courage à combattre un préjugé qu'à défendre un paradoxe.

Il n'était que le troisième prince de sa maison, et, par conséquent, il ne pouvait avoir aucune espérance d'arriver au trône. Aussi, son ambition ne s'était-elle jamais tournée du côté de la puissance, et toutes ses passions avaient-elles pris une direction contraire.

Content de ne dépendre d'aucune volonté étrangère, il ne cherchait à imposer la sienne à personne, et tous ses vœux se bornaient à une indépendance paisible dans sa vie privée.

Il lisait beaucoup, mais avec peu de choix. N'ayant reçu, dès le commencement, qu'une éducation négligée, la vie militaire l'avait bientôt empêché d'y suppléer en murissant lui-même son esprit ; et toutes les connaissances qu'il avait acquises depuis, ne faisaient que compliquer le chaos de ses idées, faute d'avoir pour base une unité solide.

Membre d'une famille protestante, il était protestant par tradition plutôt que par conviction, n'ayant jamais beaucoup réfléchi sur ce sujet; quoiqu'à une certaine époque de sa vie, il se fut préoccupé de religion plus vivement que dans la suite. Je ne sache pas qu'il ait jamais été franc-maçon.

II.

Un soir, nous nous promenions, le prince et moi, sur la place Saint-Marc, le visage masqué, suivant l'usage du carnaval. Il commençait à se faire tard, et la foule s'était dissipée. Le prince remarqua qu'un masque s'attachait à nous suivre. Il était seul et en costume d'Arménien. Nous pressâmes le pas et primes différents détours pour lui faire perdre nos traces. Ce fut en vain. Nous le retrouvâmes toujours derrière nous.

— Auriez-vous quelque intrigue? me demanda le prince; les maris sont terribles à Venise.

— Je n'y connais pas une femme, répondis-je.

— Alors, asseyons-nous, et causons en allemand, cet homme verra bientôt qu'il nous prend pour d'autres.

Nous nous plaçâmes sur un banc de pierre, comptant que le masque allait passer son chemin. Il vint au contraire droit à nous, et s'installa tout près du prince.

Ce dernier tira sa montre, et, m'adressant la parole à haute voix, en langue française :

— Neuf heures! dit-il, venez; nous oublions que nous sommes attendus au Louvre ¹.

Il ne disait ces mots, prononcés au hasard, que pour chercher de nouveau à éloigner le masque; mais, au lieu de se retirer, celui-ci se tourna vers le prince, et s'exprimant aussi en français :

—*Neuf heures!* répéta-t-il avec lenteur, en appuyant sur chaque syllabe, *félicitez-vous donc, prince* (et il ajouta à ce titre son nom véritable), *c'est précisément à neuf heures qu'il est mort.*

Au même instant, il se leva et disparut.

Nous nous regardâmes avec surprise.

—*Il est mort!* dit enfin le prince, après un long silence. De qui veut-il parler?

—Suivons-le, répondis-je, nous lui demanderons des explications.

---

¹ Beaucoup de palais se désignent ainsi, ailleurs qu'en France.

Nous parcourûmes dans tous les sens la place Saint-Marc, sans retrouver le masque, et nous retournâmes à notre hôtel, troublés et intrigués de cette aventure. Le prince ne prononçait pas une parole. Il marchait seul, à l'écart, paraissant éprouver des combats intérieurs d'une violence extraordinaire, comme en effet il me l'a confessé dans la suite. Il n'ouvrit la bouche que lorsque nous fûmes dans notre appartement.

— Il est bien ridicule, dit-il, qu'un fou puisse, avec deux mots, troubler le repos d'un homme sensé.

La conversation n'alla pas plus loin ; nous nous souhaitâmes le bonsoir, et, rentré dans ma chambre, je pris note, sur mes tablettes, du jour et de l'heure où cette aventure nous était arrivée. C'était un jeudi.

III.

Le lendemain soir, le prince me dit : — Ne ferons-nous point un tour de promenade sur la place Saint-Marc, pour voir si nous y rencontrerons notre mystérieux Arménien ? Je voudrais pour beaucoup savoir à quoi aboutira cette comédie.

Je me rendis au désir du prince, et nous restâmes jusqu'à onze heures sur la place. L'Arménien n'y parut point. Les quatre jours suivants, nous répétâmes la même démarche, sans obtenir plus de succès.

Le soir du sixième jour, en quittant l'hôtel, j'eus l'idée (je ne me souviens plus pourquoi) de dire aux domestiques où l'on nous trouverait, dans le cas où quelqu'un nous viendrait demander. Le prince, remarquant ma précaution, m'en remercia par un sourire.

Quand nous arrivâmes sur la place, elle était couverte de monde, et nous avions fait à peine trente pas, que j'aperçus l'Arménien. Il s'efforçait de se faire un passage à travers la foule, et semblait chercher quelqu'un des yeux. Nous allions le joindre, lorsque le baron de F......, de la suite du prince, arriva près de lui, hors d'haleine, et lui remit une lettre,

— Elle est cachetée de noir, dit-il, nous avons pensé qu'elle était pressée.

Ces simples paroles me firent l'effet d'un coup de tonnerre.

Le prince s'approcha d'un flambeau et se mit à lire la lettre.

— Mon cousin est mort! s'écria-t-il.

— Quand? demandai-je aussitôt.

— Jeudi dernier, à neuf heures du soir, répondit le prince, après avoir rejeté les yeux sur la lettre.

Nous n'étions pas encore revenus de notre étonnement, lorsque l'Arménien s'approcha de nous.

— Monseigneur, dit-il au prince, vous êtes connu ici : hâtez-vous de retourner à l'*Hôtel du Maure*. Vous y trouverez les députés du Sénat; ne vous refusez point aux honneurs qu'on voudra vous rendre.

— Le baron de F...., ajouta-t-il, a oublié de vous annoncer que vos lettres de change sont arrivées.

Après ces mots, il disparut dans la foule.

Nous retournâmes immédiatement à l'hôtel. Tout s'y trouva comme l'Arménien l'avait prédit. Trois grands de la république attendaient le prince pour le prier de les suivre à l'assemblée des nobles de la ville. Il n'eut que le temps de me faire comprendre par un regard que je devais veiller jusqu'à son retour.

Il ne revint qu'à onze heures. Il entra dans ma chambre d'un air sérieux et pensif, renvoya les domestiques, et me prenant la main, prononça solennellement ces paroles d'Hamlet : « Il y a dans le ciel » et sur la terre plus de choses que notre » philosophie n'en voit dans ses rêves ! »

— Monseigneur, lui dis-je, vous semblez oublier que, d'après la nouvelle que vous avez reçue aujourd'hui, vous pouvez vous endormir, ce soir, dans une magnifique espérance...

Le cousin dont on lui avait annoncé la mort était le prince héréditaire.

— Ne me rappelez pas ce souvenir, répondit-il, quand j'aurais gagné une couronne, un pareil hochet serait bien peu de chose pour moi, près des idées qui m'occupent en ce moment.

— L'Arménien, reprit-il, a-t-il vraiment deviné ce qu'il nous a dit?

— Cela est-il possible, monseigneur?

— Si cela était, je serais prêt à vous céder mes espérances de souveraineté pour un frac de moine.

Je rapporte textuellement cette conversation, parce que je la crois propre à prouver combien le prince songeait peu alors à régner jamais.

IV.

Le lendemain, nous nous rendîmes plutôt que de coutume sur la place Saint-Marc. Une averse nous obligea de chercher asile dans un café. On y jouait; le prince se plaça derrière la chaise d'un Espagnol, et observa les cartes. J'étais allé lire les gazettes dans une pièce voisine.

Au bout de quelques minutes, j'entendis du bruit, et j'écoutai pour en savoir la cause. Avant l'arrivée du prince, l'Espagnol n'avait cessé de perdre, et, depuis qu'il était là, ses gains étaient continuels. La chance avait tourné complètement, et le ponteur enhardi menaçait de ruiner la banque.

Un Vénitien, qui suivait le jeu, se tourna vers le prince et dit : voilà l'homme qui trouble la fortune; il faut qu'il s'éloigne.

Pour toute réponse, le prince le regarda froidement, et demeura.

Nouvelle apostrophe du Vénitien, qui s'exprima cette fois en français; même impassibilité du prince.

L'autre crut qu'il n'entendait aucune des deux langues, et, se tournant vers les assistants :

—Messieurs, dit-il avec un sourire dédaigneux, faites-moi donc le plaisir de m'apprendre quel langage on peut parler à ce balourd?

En disant cela, il s'était levé, et il se disposait à prendre le prince par le bras; mais la patience de celui-ci était à bout; il mit rudement la main sur le Vénitien et l'étendit sur le parquet.

A l'instant, tout le café est en rumeur. J'accours au milieu du vacarme, et, appelant involontairement mon ami par son nom:

— Prince, lui dis-je, nous sommes à Venise; prenez garde!

A ce mot de prince, tout le monde se tait; mais bientôt ce silence est remplacé par des chuchotements qui me semblent de mauvais augure. Tous les Italiens qui étaient présents forment des groupes à l'écart, et se retirent enfin, l'un après l'autre, nous laissant seuls avec l'Espagnol et quelques Français.

—Monseigneur, dirent ceux-ci au prince, vous êtes perdu si vous ne quittez pas la ville immédiatement. Le Vénitien que vous avez traité si rudement est assez riche pour payer un bravo, et moyennant cinquante séquins, il vous enverra dans l'autre monde.

En même temps, l'Espagnol proposa d'aller chercher main forte et de nous accompagner jusqu'à notre hôtel. Les Français nous offrirent le même service.

Les choses en étaient là, et nous nous demandions ce qu'il y avait de mieux à faire, lorsque la porte s'ouvrit, et nous vîmes paraître quelques officiers de l'Inquisition. Ils nous montrèrent un ordre supérieur, par lequel il nous était enjoint de les suivre sans tarder.

Nous arrivâmes, sous bonne escorte, jusqu'au canal. Là, on nous plaça dans une gondole qui nous attendait, et on nous banda les yeux. Quand nous débarquâmes, ce fut pour monter un long escalier de pierre, d'où nous passâmes sous une voûte non moins interminable, ainsi du moins que je me le figurai, aux mille échos sonores qu'éveillaient nos pas. Nous arrivâmes ainsi à un second escalier de vingt-six marches, que nous descendîmes encore, et nous nous trouvâmes enfin dans une salle, où l'on délia nos bandeaux.

Nous étions au milieu d'un cercle de vieillards vêtus de noir; la salle, tendue de drap de même couleur, n'était qu'à demi éclairée, et il y régnait un silence mortel, qui nous glaça le sang dans les veines.

Un des vieillards, probablement l'Inquisiteur d'État, s'approcha du prince, et lui dit d'un ton solennel, en lui montrant le Vénitien qui venait d'entrer comme nous :

— Reconnaissez-vous, en cet homme,

celui qui vous a offensé aujourd'hui, au café de la place saint-Marc?

— Oui, répondit le prince.

Alors l'Inquisiteur se tourna vers le Vénitien captif, et lui demanda à son tour, en lui désignant le prince :

— Cette personne est-elle bien celle que vous vouliez faire assassiner ce soir?

Le prisonnier répondit : oui.

A l'instant, le cercle s'ouvre, et nous poussons un cri d'horreur..... La tête du Vénitien venait de tomber de dessus ses épaules.

— Cette satisfaction vous suffit-elle, demanda aussitôt l'Inquisiteur d'État? Mais le prince était tombé sans connaissance dans les bras de l'homme qui le conduisait.

—Allez, maintenant, continua le vieillard, d'une voix imposante ; et désormais soyez moins prompts à juger la justice de Venise!...

V.

Nous nous en revînmes, tremblants d'effroi, et cherchant en vain quel ami secret avait pu employer la main terrible de la justice pour nous sauver d'une mort certaine.

Il était plus de minuit quand nous rentrâmes. Le chambellan Z... nous attendait avec impatience sur l'escalier.

—Que vous avez bien fait d'envoyer quelqu'un, monseigneur, dit-il en nous éclairant. Une nouvelle apportée par le baron de F..., en revenant de la place Saint-Marc, nous avait donné sur votre Excellence des inquiétudes mortelles.

—J'ai envoyé? moi? Quand? s'écria le prince : je ne sais ce que vous voulez dire.

—Ce soir, à huit heures, reprit le chambellan, vous nous avez fait prévenir d'être tranquilles, si vous rentriez plus tard que de coutume.

Le prince me regarda.

—Auriez-vous pris, me dit-il, cette précaution, sans m'en avertir?

Je n'avais rien à répondre.

—Monseigneur, poursuivit le chambellan, il faut bien que cela soit, car voici votre montre à répétition que vous avez envoyée, pour garantie, par le même messager.

Le prince porta la main à son gousset ; la montre n'y était point, et il la reconnut en celle qu'on lui présentait.

— Qui l'a apportée ? demanda-t-il avec étonnement.

— Un inconnu, masqué, et habillé en Arménien, qui s'est retiré sur-le-champ.

Nous restâmes immobiles à nous regarder.

— Qu'est-ce que cela signifie ? dit le prince après un long silence ; j'ai assurément à Venise un surveillant caché.

VI.

A la suite de cette horrible nuit, le prince fut pris d'une fièvre qui le força de garder la chambre pendant une semaine. Dans cet intervalle, notre hôtel ne désemplit pas de Vénitiens et d'étrangers, attirés par le nom connu du prince. C'était à qui ferait le plus d'offres de services, et nous eûmes le plaisir de remarquer que celui qui survenait causait toujours de l'inquiétude à celui qui se retirait. Nous fûmes accablés d'une pluie de billets doux. Chacun se faisait valoir à sa manière. Il ne fut plus question de ce qui s'était passé à l'Inquisition d'état ; et, comme la cour de... désirait que le prince prolongeât son séjour à Venise, plusieurs banquiers reçurent l'ordre de lui avancer des sommes considérables. Sa propre volonté se trouva d'accord avec celle de la cour, et, à sa prière, je consentis à retarder mon départ, pour ne pas le laisser seul.

Dès qu'il fut assez bien pour sortir, son médecin lui conseilla une promenade sur la Brenta, afin de donner une distraction salutaire à son corps et à son esprit. Le temps était parfait ; la partie fut arrêtée.

Au moment de monter en gondole, le prince s'aperçut qu'il n'avait point sur lui la clef d'une petite cassette contenant des papiers de la plus haute importance. Nous retournâmes aussitôt pour la prendre. Le prince était bien sûr d'avoir fermé sa cassette le jour précédent, et depuis, il n'avait pas quitté sa chambre. Cependant, toutes nos recherches furent inutiles ; et, pour ne pas y perdre trop de temps, il fallut partir sans la clef. Le prince, dont l'âme était au dessus de la méfiance, la regarda comme perdue, et nous pria de n'y plus songer.

La promenade fut charmante. Une campagne pittoresque, dont chaque détour de la rive révélait quelque richesse et quelque beauté nouvelle ; un ciel si pur qu'on eut dit un jour de mai au lieu d'un dernier jour d'hiver ; des jardins délicieux et des villas aussi nombreuses que magnifiques, étagés sur les deux bords de la Brenta ; derrière nous la superbe Venise avec ses cent tours, et sa forêt de mâts sortant des

3.

eaux ; tout cela formait le tableau le plus admirable qui se pût voir.

Entraînés par le charme de cette riante nature, nos pensées en prirent la couleur, et le prince même, secouant sa gravité ordinaire, nous donna l'exemple des gais propos.

Lorsque nous fûmes à environ deux milles de la ville, une musique joyeuse arriva jusqu'à nous. Elle partait d'un petit village où se tenait une foire. Nous y trouvâmes un concours de toutes sortes de gens. Une troupe de jeunes garçons et de jeunes filles, en costumes de théâtre, vint au devant de nous, en dansant une pantomime.

L'idée était neuve, et l'exécution en était animée de la légèreté la plus vive et de la grâce la plus naturelle.

La danse n'était pas encore achevée, quand la jeune fille qui la conduisait et qui était habillée en reine, s'arrête subitement, comme si une main invisible l'eût convertie en statue. La musique se tait, et la troupe entière ne fait pas entendre un souffle. La danseuse reste ainsi quelque temps, immobile, les yeux fixés à terre, comme privée de vie ou plongée dans la léthargie la plus complète.

Tout à coup, elle se lève, avec la fureur inspirée d'une sibylle, promène un regard autour d'elle, et s'écrie : *Il y a ici un roi!*

En même temps, elle arrache la couronne qui ceignait son front, et vient la poser aux pieds du prince. Tous les assistants, les yeux fixés sur ce dernier, se demandaient sérieusement quelle signification pouvait avoir cette pantomime ; tant faisait illusion le jeu naturel et passionné de celle qui l'exécutait !

Un applaudissement général succède à ce silence. Je regarde le prince ; je le vois dans un embarras extrême, et se donnant mille peines pour éviter l'attention importune de la multitude qui l'environne. Enfin, il jette de l'argent aux danseurs et se hâte de les quitter.

Mais à peine a-t-il fait quelques pas, qu'un vénérable cordelier vient à lui en perçant la foule, et, lui barrant le passage :

— Monsieur, dit-il, donnez aussi quelque argent à la Madone, vous aurez besoin de ses prières... Nous fûmes frappés du ton dont il prononça ces paroles. La foule l'entraîna loin de nous.

Cependant notre suite se grossissait ; nous vîmes successivement arriver près de nous un Anglais que le prince avait connu à Nice, quelques marchands de Livourne, un chanoine Allemand, un abbé Français avec plusieurs dames, et un officier Russe. La figure de ce dernier avait quelque chose d'étrange qui fixa notre attention. Je n'ai jamais vu un visage d'homme où il y eut autant de traits divers et si peu de physionomie propre. C'était une expression de bienveillance qui attirait d'abord, et une froideur qui repoussait aussitôt. Toutes les passions semblaient avoir habité et quitté l'une après l'autre le cœur de cet homme bizarre; elles ne lui avaient laissé que le regard calme et pénétrant d'un observateur consommé, et ce regard vous faisait froid quand par hasard il s'arrêtait sur vous. Ce personnage intrigant nous suivait à distance, paraissant assez indifférent à tout ce qui se passait autour de lui.

Nous nous arrêtâmes devant une boutique où l'on tirait une loterie. Les dames y mirent quelque argent et nous suivîmes leur exemple. Le prince lui-même demanda un billet qui lui fit gagner une tabatière. Son premier mouvement fut naturellement de l'ouvrir; mais, à peine eut-il soulevé le couvercle, que je le vis reculer de surprise et pâlir. La clef qu'il avait perdue le matin était dans la tabatière.

—Qu'est-ce donc que tout ceci? me dit-il, aussitôt qu'il pût me prendre à part. Il est évident qu'une puissance supérieure me poursuit en cette ville. J'y suis accompagné par un homme qui sait tout, que je ne puis voir, ni éviter. Il faut absolument que je retrouve l'Arménien de la place Saint-Marc, et que j'éclaircisse ces incroyables mystères.

VII.

Nous continuâmes notre promenade, et le soleil se couchait lorsque nous arrivâmes à une maison de plaisance où nous nous fîmes servir à souper. Le nom du prince ayant toujours attiré de nouveaux compagnons de route, nous étions alors seize autour de lui. Outre les personnes dont j'ai parlé, il y avait un virtuose de Rome, quelques Suisses et un aventurier de Palerme qui portait un uniforme militaire et se faisait appeler capitaine. On convint de passer la soirée ensemble et de s'en retourner à Venise aux flambeaux.

A table, la conversation fut très vive; le prince ne pût résister à la tentation de raconter l'aventure de sa clef, et tout le monde en témoigna le plus profond étonnement. Un débat assez animé s'éleva à ce sujet. La majorité des convives déclara que les plus grands secrets de ces arts occultes étaient de simples tours de passe-passe. L'abbé qui avait bu un peu sec défia au combat tout l'empire des esprits. L'Anglais trancha la question par quelques blasphèmes. Le musicien se signa pour se rendre inaccessible à Satan; et un petit nombre, se rangeant à l'avis du prince, décida qu'il fallait être fort réservé à juger ces sortes de choses.

Pendant cette discussion, l'officier Russe, entièrement étranger à la conversation générale, n'avait cessé de s'entretenir avec les dames, et l'aventurier Sicilien était sorti sans que personne s'en fut aperçu. Au bout d'une demi-heure, il rentra, enveloppé d'un manteau; et, se plaçant derrière la chaise du Français :

— Monsieur, dit-il, vous vous êtes vanté de tenir tête à tous les esprits du monde; voulez-vous tenter l'épreuve contre un seul?

— Je ne demande pas mieux, répondit l'abbé, si vous vous chargez de le faire paraître.

— Je m'en charge, reprit le Sicilien; à condition, ajouta-t-il, en se tournant vers nous, que ces messieurs et ces dames nous laisseront seuls pendant quelques minutes.

—Pourquoi cela? s'écria l'Anglais. Un esprit qui a du cœur ne doit pas craindre de se trouver en joyeuse compagnie.

—C'est que je ne réponds pas des suites, observa l'aventurier.

—Au nom de Dieu! s'exclamèrent les dames, gardez pour vous vos esprits. Et, déjà toutes tremblantes, elles s'empressèrent de quitter leurs chaises.

—Mon ami, dit l'abbé au Sicilien, d'un air fanfaron, je suis prêt à recevoir votre esprit; je vous engage seulement à le prévenir que nous avons ici des épées dont la pointe est fort aiguë. En parlant ainsi, il pria un des convives de lui passer son arme.

—Vous le traiterez comme il vous plaira, répondit tranquillement l'aventurier. Puis, se tournant vers le prince:

—Monseigneur, lui dit-il, vous pensez que la clef dont vous nous avez raconté l'histoire, a passé par des mains étrangères. Ne présumez-vous point par lesquelles?

— Non.

— Vous ne soupçonnez personne?

— J'ai bien quelque idée.

— Si on vous faisait voir la personne sur laquelle portent vos soupçons, la reconnaîtriez-vous?

— Assurément.

Le Sicilien, sans en demander davantage, entr'ouvrit son manteau, en tira un miroir et le présenta au prince.

— Est-ce bien cela? lui dit-il.

Le prince effrayé fit deux pas en arrière.

— Qu'avez-vous vu? lui demandai-je.

— L'Arménien! me répondit-il à demi-voix.

— Eh! bien, monseigneur, s'écria toute la compagnie, était-ce la personne à laquelle vous songiez?

— Elle-même, dit le prince.

A ce mot, tous les visages pâlirent, tous les rires cessèrent, et tous les yeux se fixèrent avec une curiosité inquiète sur l'aventurier de Palerme.

—Monsieur l'abbé, dit l'Anglais, l'affaire prend une tournure sérieuse ; je vous conseille de renoncer à l'épreuve.

—Le fait est que ce Sicilien a le diable au corps, observa le Français, en quittant précipitamment la salle.

Les femmes le suivirent en poussant des cris de terreur, et le virtuose imita les femmes. Le chanoine Allemand ronflait sur sa chaise, et le Russe était demeuré sur la sienne, avec la même impassibilité qu'il n'avait cessé de montrer jusqu'alors.

—Monsieur, dit le prince au Sicilien, quand tous les peureux furent sortis, vouliez-vous simplement mystifier ce fanfaron, ou bien êtes-vous réellement décidé à tenir parole ?

— Il est vrai, répondit l'autre, que je n'ai fait que plaisanter avec l'abbé. Je l'ai pris au mot parce que je le savais trop poltron pour me laisser aller bien loin... Au reste, l'évocation des esprits est chose sérieuse et ne saurait se traiter légèrement.

— Vous prétendez donc toujours posséder la puissance dont vous vous êtes vanté?

Le magicien fut quelque temps sans répondre, et parut observer attentivement son interlocuteur.

— Oui, dit-il enfin; je peux évoquer les esprits.

La curiosité du prince était à son comble. La magie avait toujours été son rêve, sa passion, et, depuis la première apparition de l'Arménien sur la place Saint-Marc, j'avais vu revenir dans son esprit toutes les idées de sortiléges et d'enchantements que la réflexion et l'étude en avaient momentanément écartées. Il prit à part le Sicilien, et je l'entendis engager avec lui une conversation fort animée.

— Vous voyez en moi, lui dit-il, un homme qui brûle d'acquérir une conviction sur les matières importantes dont vous vous occupez. J'embrasserais, comme mon bienfaiteur, comme mon meilleur ami, celui qui dissiperait mes doutes à cet égard et leverait le bandeau que je sens sur mes yeux. Voulez-vous me rendre ce service inestimable ?

— Comment l'entendez-vous ? dit le magicien, avec quelque réserve, et qu'attendez-vous de moi ?

— Une preuve immédiate de la puissance que vous vous êtes attribuée. Faites-moi voir une apparition.

— Où cela vous mènera-t-il ?

— Vous jugerez, par ce que vous savez déjà de moi et par ce que vous en apprendrez encore, si je suis digne d'une plus complète initiation.

—Très sérénissime prince, je ne mets personne au-dessus de vous; votre regard exerce une influence que vous ignorez vous-même, mais qui m'a frappé dès le premier abord et qui m'attache invinciblement à vous. Plus puissant que moi-même, toute ma science est à vos ordres. Cependant...

—Alors, interrompit le prince... une apparition !...

—Cependant, reprit le Sicilien, il faut que je sois assuré que la curiosité seule n'inspire pas la demande que vous me faites. Si je puis commander aux êtres invisibles, c'est sous la condition expresse que je n'abuserai pas de mon pouvoir.

—Mes motifs sont aussi purs que mon désir est vif; je ne cherche que la vérité.

A ce moment, ils quittèrent leurs places pour s'approcher d'une fenêtre éloignée de moi, de sorte que je cessai de les entendre. L'Anglais, qui les avait écoutés comme moi, m'attira à l'écart et me dit :

—Votre prince est le meilleur homme du monde, et cela me ferait de la peine de le voir dupé; mais je gagerais ma tête qu'il se livre à un fripon.

—Il faut voir, répondis-je, comment ceci finira.

—Vous ne devinez pas ce qui se passe? reprit l'Anglais. Le drôle va se renchérir, et il déploiera sa science quand il entendra sonner l'argent. Nous sommes neuf : cotisons-nous; cela lui prouvera le cas que nous faisons de lui, et pourra désenchanter le prince.

Je fus de l'avis de l'Anglais. Il prit aussitôt une assiette, y jeta six guinées et la fit passer à la ronde. Chacun y déposa quelques louis. Le Russe surtout trouva l'idée merveilleuse, et joignit à la collecte un billet de cent sequins, prodigalité qui frappa singulièrement l'Anglais.

— Monseigneur, dit-il au prince, en lui portant l'assiette, veuillez prier monsieur le Magicien d'accepter ce faible encouragement, en attendant la démonstration qu'il nous a promise des merveilles de son art.

Le prince mit dans l'assiette une bague de prix, et présenta le tout au Sicilien.

Ce dernier réfléchit quelques instants ; puis, prenant enfin l'assiette :

— Messieurs, dit-il, tant de générosité m'humilie plus qu'elle ne me flatte. Cependant je ne dois point la rendre inutile (en disant cela, il tirait une sonnette). Je vous demanderai la permission d'envoyer cet or, auquel je n'ai nul droit, au plus proche couvent de bénédictins, où il sera employé en bonnes œuvres. Je ne garde que cette bague, comme un souvenir précieux et éternel du noble prince qui me l'a offerte.

4.

Là dessus, entra le maître d'hôtel, à qui il remit l'assiette.

— Il n'en est que plus fripon, murmura l'Anglais. Il feint de refuser notre argent, parce qu'il en veut surtout à monseigneur, dont il saura tirer davantage.

— Quel personnage désirez-vous que je fasse apparaître? demanda le Sicilien au prince.

Le prince parut s'interroger, et demeura quelque temps rêveur.

— Parbleu! cria l'Anglais, demandez le pape Ganganelli. Cela doit être égal à monsieur, j'imagine.

Le Sicilien se mordit la lèvre.

— Je ne puis évoquer les prêtres, dit-il.

— Tant pis! repartit l'Anglais; nous aurions été curieux d'apprendre de Ganganelli lui-même de quelle maladie il est mort.

Le prince prit enfin la parole :

— Le marquis de Lannoy, dit-il, a fait

avec moi la dernière guerre, où il était brigadier dans l'armée française. C'était mon plus intime ami. Blessé mortellement à la bataille d'Hastinbeck, il fut apporté sous ma tente, et mourut dans mes bras au bout de quelques instants. Au moment d'expirer, il m'appella par mon nom :

— Prince, me dit-il, je ne reverrai plus mon pays ; dans un couvent, sur les confins de la Flandre, vit une.... La mort ne lui permit pas d'achever.

Je voudrais le revoir, et entendre de sa bouche la fin de ce qu'il avait à me dire.

— Bien imaginé ! s'écria l'Anglais ; je déclare monsieur le premier sorcier du monde, s'il se tire de là.

Nous admirâmes comme l'Anglais l'ingénieuse idée du prince, et le magicien se mit à faire de grands pas dans la chambre, en proie aux irrésolutions les plus manifestes.

— Et les paroles que vous venez de répéter, demanda-t-il enfin au prince, sont les seules que le mourant ait pu vous dire ?

— Les seules.

— Avez-vous pris, depuis, à ce sujet, des informations en France ?

— Oui, mais vainement.

— Le marquis de Lannoy menait-il une vie régulière? ou se livrait-il au libertinage ? Je ne puis l'évoquer sans quelques instructions à cet égard.

— Il est mort en se reprochant des erreurs de jeunesse.

— Vous a-t-il laissé quelque souvenir ?

— Ceci.

Le prince tira une tabatière, dont le couvercle portait le portrait du marquis, peint sur émail. Tout le monde, au reste, avait pu la remarquer à table, où il l'avait placée auprès de lui pendant tout le souper.

— Je ne demande pas à regarder ce

portrait, dit le Sicilien. Laissez-moi seul un moment ; vous verrez bientôt l'ami que vous avez perdu.

VIII.

Nous passâmes dans un pavillon, où nous dûmes attendre qu'on nous rappelât. Aussitôt, le Sicilien fit retirer tous les meubles de la salle, enlever toutes les croisées et fermer exactement tous les volets. Il pria ensuite le maître d'hôtel, qu'il traitait familièrement, de lui apporter un réchaud plein de braise, et d'éteindre tout autre feu dans la maison. Puis, il ferma au verrou les portes du pavillon où nous étions réunis, et fit jurer à chacun de nous en particulier de garder, sur ce que nous allions voir et entendre, un silence éternel.

Onze heures avaient sonné : un silence mortel régnait dans toute la maison.

— Avons-nous des pistolets chargés ? m'avait demandé le Russe, en quittant la salle.

— Pourquoi des pistolets ? lui avais-je dit.

— Il faut tout prévoir, avait-il répondu. Je vais m'occuper de cela. Et il s'était éloigné.

Cependant j'ouvris, avec le baron de F..., une fenêtre du pavillon. Il nous sembla entendre une conversation à voix basse entre deux hommes et le bruit d'une échelle qu'on aurait appliquée à la muraille. Toutefois nous ne fûmes pas assez surs de la chose, pour en tirer aucune conclusion, et je n'oserais encore rien affirmer.

Au bout d'une demi-heure, le Russe revint avec une paire de pistolets, qu'il chargea à balles en notre présence. Il était près de deux heures, lorsque le Sicilien reparût, et nous avertit que nous pouvions retourner dans la salle, en nous priant préalablement de laisser nos souliers dans le pavillon, et de ne garder sur nous que nos chemises, nos caleçons et nos bas. Les portes du pavillon furent refermées après nous, comme elles l'avaient été sur nous.

En rentrant dans la salle, un spectacle étrange frappa nos yeux. Un cercle était tracé au charbon pour nous contenir ; nous étions dix. Tout autour, le parquet avait été enlevé jusqu'aux limites de la salle, de sorte que nous nous trouvâmes enfermés comme dans une île. Un autel drapé de noir s'élevait au centre du cercle ; un tapis de satin rouge s'étendait au bas. Sur cet autel, une Bible en langue chaldéenne était ouverte à côté d'une tête de mort et d'un crucifix d'argent. Dans une capsule du même métal, brûlait de l'esprit de vin, dont la lueur remplaçait les cierges. Une épaisse fumée d'encens, remplissant la salle, interceptait une partie de cette lugubre lumière.

Le magicien, vêtu comme nous, avait les pieds nus. Sur sa poitrine pendait une amulette, attachée à une chaîne de cheveux d'homme. Il avait autour des reins, un tablier blanc, brodé d'hiéroglyphes et de chiffres symboliques.

Il nous recommanda de nous donner tous la main, de ne pas prononcer une parole, et surtout de n'adresser aucune question au fantôme. Il pria l'Anglais et moi, dont il semblait se méfier spécialement, de prendre deux épées nues, et de les tenir, tant que durerait l'opération, immobiles et croisées, à un pouce au-dessus de sa tête. Aussitôt, nous nous rangeâmes en demi-cercle autour de lui ; de sorte que le Russe, placé près de l'Anglais, touchait à un angle de l'autel.

Alors, le Sicilien, debout au centre du tapis, le visage tourné vers le levant, fit quatre aspersions d'eau bénite du côté des quatre points cardinaux, et s'inclina trois fois sur la Bible. Sa conjuration dura à peu-près un demi-quart d'heure, et nous n'y comprîmes absolument rien. Quand elle fut achevée, il fit signe à ceux qui se tenaient derrière lui de le prendre par les cheveux, et, au milieu des convulsions les plus violentes, il appella trois fois le mort par son nom, en tendant, à la troisième, la main vers le crucifix.

Au même instant, nous reçûmes tous,

comme si la foudre nous eut frappés, une secousse qui sépara brusquement nos mains. Un roulement de tonnerre fit trembler la maison ; toutes les serrures résonnèrent, toutes les portes battirent ; le couvercle de la capsule, où flambait l'esprit de vin, éteignit la lumière en tombant de lui-même, et, au-dessus de la cheminée, sur le mur qui s'élevait en face de nous, apparut une figure humaine, entourée d'une chemise sanglante et couverte de la pâleur de l'agonie.

— Qui m'a appellé? dit une voix faible, creuse, qui se faisait à peine entendre.

— Ton ami, répondit le magicien, celui qui honore ta mémoire et prie pour ton âme.

Et il nomma le prince par son nom.

Les questions et les réponses se suivaient à longs intervalles.

— Que veut de moi cet ami? reprit la voix.

— La fin d'un aveu que tu as commencé de lui faire en ce monde et que la mort ne t'a pas laissé achever. «*Dans un couvent, sur les frontières de Flandre, vit....*»

Ici la maison s'ébranla de nouveau; la porte s'ouvrit, au bruit d'un second coup de tonnerre; une clarté subite traversa la salle, et, à la lueur de l'esprit de vin rallumé de lui-même dans la capsule, nous vîmes se dresser, sur le seuil de la porte, une autre figure, pâle et ensanglantée comme la première, mais plus effrayante encore.

— Qui vient ici? s'écria le Sicilien, saisi d'épouvante; et il promena sur les spectateurs un regard effaré.

Puis, s'adressant au spectre:

— Ce n'est pas toi que j'ai appelé, dit-il d'une voix tremblante.

Pour toute réponse, le fantôme s'avança d'un pas lent et majestueux jusqu'auprès de l'autel, se plaça sur le tapis, en face de nous, et mit la main sur le crucifix. La première vision avait disparu.

— Qui me demande? dit le nouveau spectre.

Au son de cette voix, le Sicilien fut pris d'un tremblement convulsif, et une terreur mortelle s'empara de nous tous. Je saisis vivement un des pistolets qu'avait apportés le Russe ; mais le magicien me l'arracha de la main, et fit feu sur le fantôme. La balle inoffensive alla rouler lentement sur l'autel, et le spectre se dégagea de la fumée, aussi calme et aussi terrible qu'auparavant. En le revoyant, le Sicilien tomba évanoui.

— Qu'est-ce que ceci? s'écria l'Anglais, frappé à la fois de stupeur et d'indignation.

Et il voulut porter un coup d'épée au fantôme. Mais celui-ci n'eut qu'à lui toucher la main pour en faire tomber l'arme.

J'avoue qu'une sueur froide me glaçait

le front ; et le baron de F. m'a confessé depuis qu'il avait recommandé son âme à Dieu. Le prince seul demeurait tranquille, et, sans manifester la moindre crainte, tenait ses yeux fixés sur l'apparition.

— Oui ! c'est toi, je te reconnais, s'écria-t-il tout-à-coup d'une voix attendrie. Tu es bien Lannoy, mon ami ; d'où viens-tu ?

— L'éternité ne dit point ses secrets, répondit le fantôme ; interroge-moi sur ma vie passée.

— Quelle est la personne qui vit dans ce couvent dont tu m'as parlé en mourant ?

— C'est ma fille.

— Quoi ! tu étais père ?

— Plût au ciel que je l'eusse été !

— N'es-tu donc pas heureux, Lannoy ?

— Dieu m'a jugé.

— Mon amitié peut-elle, dans ce monde, te rendre quelque service ?

— Aucun, si ce n'est de penser à toi-même.

— Qu'entends-tu par là ?

— Tu le sauras à Rome.

Un troisième coup de tonnerre termina cette scène ; une épaisse fumée remplit la salle, et, quand elle fut dissipée, il n'y avait plus de spectre.

J'ouvris les volets d'une fenêtre ; il était jour.

Le retour subit de la lumière tira le Sicilien de son évanouissement.

— Où sommes-nous ? s'écria-t-il, en reprenant connaissance.

La première chose qu'il aperçut fut l'officier Russe qui s'était placé derrière lui, et qui, se penchant sur son épaule et lui lançant un regard terrifiant, lui dit avec autorité :

— Tu n'invoqueras plus d'esprits, misérable jongleur !

Le Sicilien regarda fixément le Russe, jeta un cri perçant et se précipita à ses pieds.

Aussitôt, nos yeux s'étant tournés vers le menaçant personnage, nous le reconnûmes tous à la fois. C'était l'Arménien.

Le prince voulut pousser une exclamation qui expira sur ses lèvres, et nous restâmes immobiles et muets de surprise et d'effroi, considérant, des pieds à la tête, cet être incompréhensible qui fixait tranquillement sur nous un regard plein d'une force écrasante et d'une majesté surhumaine. Pendant plusieurs minutes, notre silence fut si profond, que l'oreille la plus attentive n'eût pas saisi un souffle dans toute la salle.

Tout-à-coup, nous fûmes rappelés à nous-mêmes en entendant frapper violemment à la porte, qui tomba de ses gonds avec fracas, et livra passage à une troupe de soldats et d'officiers de police.

IX.

—Nous ne pouvions pas mieux arriver, dit le commandant à sa suite ; les voici précisément tous ensemble.

Et venant droit à nous :

—Au nom de la république, cria-t-il, je vous arrête !

Nous fûmes cernés, sans avoir eu le temps de réfléchir.

L'Arménien (je ne désignerai plus autrement l'officier Russe) prit à part le chef des sbires, et, autant que je pus le remarquer dans la confusion générale, lui montra un papier, en lui murmurant quelques mots à l'oreille. A l'instant ce dernier s'arrêta, fit une profonde révérence au personnage, sans articuler une seule parole, et, se découvrant pour se retourner vers nous :

— Pardonnez-moi, messieurs, dit-il, d'avoir pu vous confondre avec un misérable sorcier; monsieur m'assure que vous êtes gens d'honneur; son témoignage me suffit, et je n'ai pas même besoin de savoir vos noms ; vous êtes libres.

En parlant ainsi, il signifia aux sbires de s'éloigner de nous ; quant au Sicilien, il le fit garotter fortement et garder à vue.

— Le drôle est assez mûr, dit-il ; nous sommes à ses trousses depuis sept mois.

Le malheureux était dans un état pitoyable. L'effroi que lui avait causé l'apparition du second spectre et la soudaineté de sa propre arrestation avaient annulé toutes ses facultés. Il se laissa lier comme un enfant. Ses yeux, stupidement ouverts, regardaient tout sans rien voir, comme ceux d'un mourant dans le délire de l'agonie. Ses lèvres remuaient perpétuellement et n'articulaient aucun son ; on eût dit qu'à tout moment ses convulsions allaient le reprendre. Le prince, touché pour lui de la plus vive compassion, essaya, en se faisant connaître, d'obtenir sa liberté de l'officier de police, ce fut en vain.

— Monseigneur, dit ce dernier, vous vous intéresseriez moins généreusement à cet homme, si vous saviez ce qu'il est. La fourberie qu'il vous préparait ici est son moindre crime. Ses complices, que nous tenons déjà, nous ont révélé sur son compte de telles atrocités, qu'il pourra s'estimer fort heureux s'il en est quitte pour les galères.

Comme il parlait ainsi, nous vîmes passer dans la cour le maître d'hôtel que les sbires conduisaient auprès du Sicilien, après l'avoir garotté comme lui.

— Et celui-là aussi? dit le prince : quelle est donc sa faute?

— Il était le complice et l'aide du Sicilien, répondit l'officier ; il lui servait de compère dans ses tours et ses friponneries, dont il partageait avec lui les bénéfices. Il ne tient qu'à moi, monseigneur, de vous en convaincre sur-le-champ...

— Fouillez cette maison, ajouta-t-il en s'adressant aux soldats, et faites-moi un rapport fidèle de tout ce que vous y trouverez.

Pendant qu'on exécutait cet ordre, le

prince chercha des yeux l'Arménien. Il n'était plus dans la salle ; la confusion générale lui avait permis de disparaître sans que personne s'en aperçut. Désolé de son départ, le prince envoya tous ses gens à sa recherche. Il voulut y courir lui-même, et me pria de le suivre. Je m'approchai d'une fenêtre et je regardai dehors. La maison était environnée d'un concours de curieux attirés par le bruit des événements qui venaient de s'y passer. Il eut été impossible de traverser la foule, et j'en fis l'observation au prince.

—Si l'Arménien, dis-je, a résolu de nous échapper, il connaît mieux que nous les issues et les chemins, et il déroutera facilement nos perquisitions. Demeurons plutôt ici, monseigneur ; ou mes yeux ne m'ont pas trompé, ou le personnage que vous tenez tant à connaître a dit son véritable nom à l'officier de police : ce dernier peut donc nous en apprendre plus que toutes les recherches. Attendons l'occasion de le faire parler.

Cependant nous nous rappelâmes que nous n'avions sur nous que la moitié de nos vêtements. Nous courûmes reprendre ceux que nous avions laissés dans le pavillon, et, lorsque nous revînmes, les sbires avaient terminé leurs fouilles.

On avait découvert, sous l'autel et le parquet de la salle, une voûte dans laquelle un homme pouvait se tenir assis à l'aise; et qui aboutissait à la cave par une porte et un escalier dérobé. Dans ce petit souterrain étaient une machine électrique, une montre et une clochette d'argent. La machine et la clochette communiquaient secrètement avec l'autel élevé dans la salle et avec le crucifix placé dessus. Le volet de la fenêtre opposée à la cheminée avait une ouverture fermée par un judas, et destiné, ainsi que nous l'apprîmes plus tard, à livrer passage à la lanterne magique qui devait répéter sur la muraille la figure demandée. Le grenier et la cave contenaient des tambours de toute sorte, auxquels étaient attachés, par des cordes, de grosses balles de plomb disposées pour imiter le bruit du tonnerre.

Les habits du Sicilien, apportés dans la salle avec tous ces objets, furent visités à leur tour. On y trouva un étui contenant différentes poudres, des fioles de mercure, des petites boîtes, une bouteille pleine de phosphore, et un anneau. Nous remarquâmes que cet anneau était aimanté, en le voyant se suspendre de lui-même à un bouton d'acier dont il fut rapproché par hasard. Une poche d'habit renfermait un chapelet, une barbe de juif, un poignard et des pistolets.

— Voyons s'ils sont chargés, dit un des sbires en s'en emparant et en faisant feu vers la cheminée.

Le coup partit, et un cri perçant répondit de la muraille :

— Jésus-Maria! dit une voix d'homme dont le timbre creux et sonore nous rappella aussitôt celle du premier spectre.

Au même instant, un corps couvert de sang sortit de la cheminée.

— Comment? s'écria l'Anglais, tu n'es pas encore en repos, esprit infortuné? Rentre donc vite dans la tombe. Puisque tu as paru ce que tu n'étais point, il est juste que tu deviennes ce que tu as paru.

— O mon bon Jésus! Je suis blessé! répétait le pauvre diable, étendu devant l'âtre. La balle lui avait, en effet, cassé la jambe droite. On s'empressa d'envoyer chercher quelqu'un pour le soigner.

— Qui es-tu? et quel mauvais démon t'a conduit ici? lui demanda-t-on.

— Je suis un pauvre cordelier, répondit-il. Un étranger m'a proposé un sequin pour...

— Pour prononcer quelques paroles, ajouta-t-il naïvement, après un moment d'hésitation.

— Et que n'es-tu sorti de là plus tôt ?

— J'attendais un signal qu'on devait me donner pour continuer mon rôle. Le signal n'est point venu,... et, quand j'ai voulu me retirer, je n'ai aperçu personne.

— Quelles sont les paroles qu'on t'avait chargé de dire ?

Cette question n'était pas achevée, que le pauvre diable tomba en défaillance, de sorte qu'il fut impossible d'obtenir de lui d'autres renseignements.

— Monsieur, dit le prince, en s'adressant au chef des sbires, et en lui glissant de l'or dans la main, je vois que vous nous avez délivré d'un maître fourbe, et je vous suis obligé de nous avoir rendu justice sans nous connaître ; mais vous pouvez à ce service en ajouter un bien plus grand :

ce serait de nous apprendre quel est le personnage qui n'a eu que deux mots à vous dire pour obtenir notre élargissement.

— De quoi parlez-vous? dit l'officier, d'un ton qui prouvait clairement que toute question était inutile.

— Je parle de l'homme habillé en Russe, qui vous a pris à l'écart, vous a présenté un papier et vous a murmuré à l'oreille les paroles qui nous ont rendus libres.

— Est-ce que vous ne le connaissez pas? je le croyais de votre compagnie...

— Je ne le connais point du tout, et j'ai les plus graves motifs pour désirer le connaître particulièrement.

— Je ne suis pas plus avancé que vous sur son compte, répondit l'officier ; j'ignore même son nom, et je l'ai vu, ce soir, pour la première fois.

— Comment se fait-il alors qu'il lui ait suffi d'un instant, de deux mots, pour vous faire reconnaître son innocence et la nôtre.

—Il est vrai qu'il lui a fallu pour cela, non pas deux mots, mais un seul.

—Et quel est ce mot, je serais heureux de le savoir.

—Cet inconnu... dit l'officier, en soupesant dans sa main les sequins du prince... Ma foi! monseigneur, vous avez payé mon secret trop généreusement pour que j'hésite plus longtemps à vous le livrer... Cet inconnu est un officier de l'inquisition.

—De l'inquisition! cet homme!

—Le papier qu'il m'a présenté m'en a fourni la preuve.

—Cet homme! de l'inquisition! répéta le prince, cela est impossible.

—Je vous dirai plus monseigneur, c'est sur sa dénonciation que j'ai été envoyé ici pour arrêter le jongleur Sicilien.

Nous nous regardâmes avec le plus grand étonnement.

— Ah! s'écria l'Anglais, voilà donc pourquoi notre pauvre conjurateur d'esprits fut saisi d'un si mortel effroi en se trouvant face à face avec l'Arménien: il avait reconnu l'espion; vous vous souvenez qu'il s'est jeté à ses pieds avec un cri suppliant?

— Tout cela n'explique rien, reprit le prince, il faut que cet Arménien soit tout ce qu'il veut et tout ce que chaque moment exige qu'il devienne. Ce qu'il est réellement, personne, je crois, ne saurait le dire ici-bas. Rappelez-vous la terreur soudaine qui a suspendu chez le Sicilien l'exercice de toutes ses facultés, lorsque l'autre lui a dit à l'oreille: *Tu n'invoqueras plus d'esprits!* Il y a là-dessous quelque mystère surhumain. On ne me persuadera jamais que de tels effets puissent avoir des causes naturelles.

— Dans tous les cas, dit l'Anglais, il est

évident que l'homme qui éclaircirait le mieux nos doutes serait le Sicilien lui-même, si monsieur (il désignait le chef des sbires) pouvait nous fournir les moyens de l'entretenir quelques instants.

L'officier promit de nous faire revoir son prisonnier, et nous convînmes avec l'Anglais qu'il viendrait nous prendre le lendemain matin.

X.

Lord Seymour (c'était le nom de notre nouvelle connaissance) fut de bonne heure au rendez-vous, et, peu de temps après lui, arriva un homme de confiance chargé par le chef des sbires de nous conduire à la prison du magicien.

G.

Il me revient à l'esprit, et j'ai oublié de raconter, que le prince avait, depuis quelques jours, perdu un de ses chasseurs. Ce domestique, originaire de Brême, avait gagné la confiance de son maître par de longs et fidèles services. Etait-il mort, avait-il été enlevé, s'était-il échappé de lui-même? Personne n'en savait rien; mais les deux dernières suppositions étaient peu vraisemblables, car il eut été difficile de trouver un homme plus sage et un valet plus irréprochable. Ses camarades avaient seulement remarqué qu'il était devenu récemment fort mélancolique, et qu'il profitait de tous ses moments de loisir pour aller dans un couvent de la Giudecca visiter des frères mineurs qui l'avaient pris en amitié. Cette circonstance nous fit soupçonner que le brave homme, circonvenu par ces moines, s'était laissé faire catholique, et, comme le prince poussait la tolérance en matière de religion jusqu'à l'indifférence, il s'en tint à cette dernière idée, après quelques recherches infructueuses. Cependant, il ne put se dissimuler qu'il regrettait ce chasseur, qu'il avait eu à ses cotés pendant toutes ses campagnes, qui ne lui avait jamais donné le moindre sujet de reproche, et qu'il serait difficile de remplacer à Venise.

Ce jour-là même, comme nous allions sortir avec lord Seymour et l'envoyé du chef des sbires, le banquier du prince se fit annoncer. Il avait reçu la commission de chercher un domestique, et il venait en présenter un.

Il introduisit, en effet, un homme de moyen âge, de bonne mine et d'excellente tenue, sortant de chez un procureur qu'il avait longtemps servi en qualité de secrétaire, parlant le français et un peu l'allemand, muni des plus honorables témoignages.

Sa figure plut au prince, et, comme il déclara qu'il s'en rapportait à monseigneur pour la fixation des gages, il fut reçu sans difficultés et entra immédiatement en fonctions.

Nous trouvâmes le Sicilien dans une prison particulière, où l'officier de police nous assura qu'il avait été mis, par considération pour le prince, avant de passer sous *les plombs*, dont l'accès ne s'ouvre plus à personne. Les plombs sont la plus terrible prison de Venise. Situés immédiatement sous les voûtes du palais de Saint-Marc, et sans cesse échauffés par un soleil ardent, les malheureux qu'on y enferme y sont aussitôt dévorés de fièvres brûlantes, et passent, en peu de temps, du délire à la folie.

Le Sicilien, parfaitement remis de ses émotions de la veille, se leva respectueusement en apercevant le prince. Il avait des fers au pied et à la main droite, mais il pouvait marcher dans sa chambre. Dès que nous fûmes entrés, la sentinelle qui gardait la porte nous laissa seuls avec le prisonnier, et nous eûmes avec lui la conversation suivante :

LE PRINCE.

Je viens vous demander une explication sur deux points ; sur l'un, vous me la devez ; et vous n'aurez point à vous repentir de me l'avoir donnée sur l'autre.

LE SICILIEN.

J'ai achevé mon rôle, mon sort est entre vos mains.

LE PRINCE.

Il ne tient qu'à vous de l'adoucir en parlant avec sincérité.

LE SICILIEN.

Interrogez-moi, monseigneur, je suis

prêt à vous répondre; je n'ai plus rien à perdre.

LE PRINCE.

Vous m'avez fait voir la figure de l'Arménien dans votre miroir; comment avez-vous pu obtenir ce résultat?

LE SICILIEN.

Ce n'est point un miroir que je vous ai présenté. Je vous ai mis sous les yeux un simple portrait au pastel, encadré sous un verre, représentant un homme en costume d'Arménien. La promptitude de mon geste, l'obscurité de la salle, votre étonnement surtout ont favorisé ma ruse et complété votre illusion. Le portrait dont je vous parle doit se trouver parmi les objets saisis dans l'hôtel.

LE PRINCE.

Comment avez-vous deviné que ma pensée se portait sur l'Arménien?

LE SICILIEN.

Cela n'était pas difficile, monseigneur ; vous aviez sans doute parlé à table, en présence de vos domestiques, de votre rencontre avec l'Arménien. Un de mes gens s'était lié, par hasard, dans la Giudecca, avec un chasseur de votre maison, dont il avait su tirer ce qu'il m'était nécessaire de savoir.

LE PRINCE (*vivement*).

Où est ce chasseur ? Il me manque depuis quelques jours, et vous ne pouvez ignorer ce qu'il est devenu.

LE SICILIEN.

Je vous jure, monseigneur, que je n'en sais absolument rien ; c'est sans le voir que j'ai eu avec lui les rapports que je viens de vous dire.

LE PRINCE.

Continuez alors.

LE SICILIEN.

A la première nouvelle de votre séjour et de vos aventures à Venise, j'avais résolu de les exploiter à mon avantage; vous voyez, monseigneur, que je suis sincère. J'appris votre projet de promenade sur la Brenta; je jugeai l'occasion favorable, et une clef que vous laissâtes tomber par hasard me donna le moyen de tenter sur vous une première épreuve de mon art.

LE PRINCE.

Comment! le tour de la clef dans la tabatière n'était pas de l'Arménien, et j'ai pu prendre le change! Mais cette clef, je l'avais, dites-vous, laissée choir?

LE SICILIEN.

En tirant votre bourse. J'avais mis le pied dessus pendant que personne ne m'observait. Le marchand qui vous fit accepter des billets de sa loterie était mon compère; il vous présenta un sac où il n'y avait point de billets blancs, et la clef était depuis longtemps dans la tabatière, lorsque vous la gagnâtes.

LE PRINCE.

Je commence à comprendre. Et le cordelier qui se jeta sur mon chemin et me parla si solennellement?

LE SICILIEN.

Est le même qui, suivant ce que j'ai appris ce matin, a reçu un coup de pistolet dans la cheminée. C'est un de mes camarades, et il m'a déjà rendu beaucoup de services sous son habit de moine.

LE PRINCE.

Mais dans quel but m'entouriez-vous de toutes ces jongleries?

LE SICILIEN.

Je voulais mettre aux champs votre imagination, et préparer votre esprit, par l'appât du merveilleux, aux opérations magiques que je me proposais d'essayer sur vous.

LE PRINCE.

La pantomime des danseurs, qui eut un si étrange dénouement, était sans doute aussi de votre invention?

LE SICILIEN.

Oui, monseigneur, la jeune fille qui jouait le rôle de reine et de coriphée avait reçu de moi sa double leçon. Je présumais que votre altesse ne serait pas peu surprise de se voir reconnue au milieu d'une fête de village; et (pardonnez-moi tant de témérité, monseigneur), votre aventure avec l'Arménien me donnait lieu d'espérer que je vous trouverais parfaitement disposé à dédaigner toute explication naturelle des phénomènes qui frapperaient vos yeux, pour vous attacher aux suppositions les plus surnaturelles.

LE PRINCE.

En vérité, voilà une leçon à laquelle je ne me serais jamais attendu (il me jeta un regard, où le dépit se mêlait au mécontentement), pas plus, que je ne m'attendais à un pareil dénouement après une fantasmagorie si terrible[1] ; mais par quel moyen

[1] Mes lecteurs vont sans doute en dire autant que le prince. En effet, cette couronne posée à ses pieds avec des circonstances si singulières et si frappantes, cette mystérieuse et solennelle prédiction de l'Arménien sur la place Saint-Marc, semblaient si bien tendre au même but, qu'en lisant ces passages des mémoires du comte d'O... je ne pus me défendre de les comparer à la scène de Schakespeare où les sorcières saluent Macbeth de ces paroles prophétiques : *Honneur au Than de Glamis qui sera bientôt roi !*
La plupart de mes lecteurs, j'en suis sur, auront fait, comme moi, ce rapprochement ; or, une fois qu'une idée est entrée dans l'esprit d'une manière saisissante, toutes celles qui viennent à la suite, n'eussent-elles avec la première qu'un rapport éloigné, prennent nécessairement le même caractère et la même tendance. Le Sicilien, en faisant appeler le prince par son nom dans un lieu où il se croyait complètement inconnu, n'avait eu d'autre but que de frapper son imagination,

avez vous obtenu l'apparition de cette figure de mourant sur le mur de la cheminée?

LE SICILIEN.

Au moyen d'une lanterne magique appliquée au volet opposé, dans lequel j'avais fait pratiquer une ouverture, comme vous avez dû le remarquer ensuite.

LORD SEYMOUR.

Comment s'est-il fait que nous ne nous en soyons pas aperçus plus tôt?

LE SICILIEN.

Vous devez vous rappeler qu'une épaisse fumée d'encens remplissait la salle, lorsque je vous y fis rentrer. J'avais encore pris la précaution, pour mieux dérober à vos yeux

et avait sans doute ainsi préparé les voies à l'Arménien. L'aventure perd peut-être beaucoup à un dénouement si inférieur à celui qu'on avait pu attendre. Mais ma qualité d'historien ne m'a pas permis d'altérer les faits parvenus à ma connaissance.

(*Note de Schiller.*)

la fenêtre où était la lanterne, d'y appliquer les pièces du parquet que j'avais enlevées. Enfin, la lanterne elle-même fut masquée, jusqu'à ce que vous eussiez pris vos places, et que je n'eusse plus à craindre de vous aucun perquisition dans la salle.

MOI.

Il m'a semblé entendre, de la fenêtre du pavillon où vous nous aviez enfermés, le bruit d'une échelle qu'on aurait appuyée au mur.

LE SICILIEN.

C'en était une en effet. Elle servit à mon compère pour monter à la fenêtre et faire jouer la lanterne.

LE PRINCE.

La figure que vous nous avez montrée, avait positivement quelque ressemblance avec l'ami que je regrette. La teinte blonde de ses cheveux m'a surtout étonné. Est-ce hasard? où aviez-vous appris par quelque moyen toutes ces circonstances?

LE SICILIEN.

Votre altesse n'a pas oublié que, pendant le souper, elle avait posé auprès d'elle, sur la table, une tabatière portant la miniature en émail d'un officier en uniforme de...
Quand je vous demandai si vous aviez sur vous quelque souvenir du marquis de Lannoy et que vous me répondîtes affirmativement, je pensai que le portrait peint sur la tabatière ne pouvait être que celui du marquis; et, comme je m'étais bien mis ce portrait dans la tête, que je dessine très-facilement et que je réussis surtout à saisir la ressemblance, j'eus bientôt reproduit sur ma lanterne ces traits et ces cheveux qui vous ont frappés. A en juger par son portrait, votre ami avait une de ces physiono-

mies prononcées qui se gravent aisément dans la mémoire.

LE PRINCE.

Mais la figure se mouvait sur la muraille?

LE SICILIEN.

Elle paraissait se mouvoir; la fumée seule, agitée entre elle et vous, produisait cette illusion.

LE PRINCE.

L'homme qui s'est précipité de la cheminée est celui qui répondait pour le fantôme?

LE SICILIEN.

Précisément.

LE PRINCE.

Comment pouvait-il entendre vos questions?

LE SICILIEN.

Il n'en avait pas besoin. Vous vous

souvenez, monseigneur, que je vous avais sévèrement défendu d'interroger vous-même l'apparition; demandes et réponses, tout était convenu d'avance entre mon compère et moi; et, pour qu'il ne commît point d'erreur, je séparais mes interpellations par de longues poses, qu'il mesurait avec la sonnerie d'une montre.

LE PRINCE.

Vous aviez ordonné au maître d'hôtel d'éteindre soigneusement, avec de l'eau, tous les feux de la maison; c'était apparemment pour...

LE SICILIEN.

Pour éviter à mon compère le risque d'être suffoqué à son poste. Je savais que beaucoup de tuyaux de cheminée donnaient les uns dans les autres, et quelques-uns pouvaient déboucher dans celle de la salle.

LORD SEYMOUR.

Comment se fit-il que votre spectre ne parut qu'au moment précis où vous en eûtes besoin?

LE SICILIEN.

Il était dans la salle avant l'évocation; mais, tant que l'esprit de vin flambait, on ne pouvait l'apercevoir : il ne devint visible sur le mur que quand j'eus laissé tomber le couvercle sur la capsule d'où sortait la lumière.

LE PRINCE.

Et la commotion que nous ressentîmes tous à l'instant de l'apparition, qui nous la communiqua?

LE SICILIEN.

Vous avez vu la machine électrique découverte sous l'autel; vous savez d'ailleurs que j'étais sur un tapis de soie, tandis que, rangés en demi-cercle à l'entour, vous vous teniez tous par la main. Dès que le moment fut venu, je fis signe à l'un de vous de me saisir par les cheveux ; je touchai le crucifix qui servait de conducteur au fluide, et vous éprouvâtes aussitôt la secousse électrique.

LORD SEYMOUR.

Pour quelle raison priâtes-vous le comte d'O... et moi de tenir deux épées nues en croix sur votre tête, tant que durerait la conjuration ?

LE SICILIEN.

J'avais peu de confiance en vous, et je voulais vous donner une occupation qui rendît votre attention moins dangereuse pour moi. Vous vous rappelez que je vous recommandai de tenir les deux épées exactement à un pouce de ma tête ; j'étais sûr que, préoccupés de cette distance rigoureuse, vous ne pourriez porter les yeux sur les objets que je devais vous dérober. Plût au ciel que j'eusse aussi bien évité le regard de mon ennemi le plus terrible !

LORD SEYMOUR.

Je conviens que la précaution était habile. — Mais pourquoi nous fîtes-vous déshabiller?

LE SICILIEN.

Pour donner à la cérémonie plus de solennité, et pour faire travailler davantage votre imagination.

LE PRINCE.

Que restait-il à dire à votre spectre, lorsque le second vint l'interrompre?

LE SICILIEN.

Il n'eût pu que répéter ce que vous aviez

entendu. J'avais eu mes raisons pour demander à votre altesse, si elle m'avait fait connaître tous les rapports qu'elle avait eus avec le marquis de Lannoy, et si elle n'avait point pris sur son compte des renseignements dans sa patrie. Je tenais à ce que les paroles de mon esprit ne fussent pas en contradiction avec quelque fait positif, dont je n'aurais pas été instruit.

Voilà pourquoi je vous interrogeai sur la conduite qu'avait tenue le mort dans sa jeunesse. Vos réponses me dictèrent celles de mon fantôme.

(Après avoir écouté le Sicilien avec la plus grande attention, le prince demeura quelques instants en silence, et l'interrogatoire recommença.)

LE PRINCE.

Les explications que vous venez de me donner, ne me laissent plus de doutes sur ce qui s'est passé entre nous, et j'en suis pleinement satisfait. Arrivons maintenant au second point sur lequel j'ai à vous prier de m'éclaircir.

LE SICILIEN.

Si cela m'est possible, et si....

LE PRINCE.

Point de conditions. Songez que la justice qui vous tient dans ses mains vous interrogera plus sévèrement que moi. Quel est cet homme dont l'aspect vous a fait évanouir? Que savez-vous sur lui? D'où le connaissez-vous? Enfin, qu'avait-il de commun avec l'apparition qui a succédé à celle opérée par vous?

LE SICILIEN.

Monseigneur....

LE PRINCE.

A peine l'aviez-vous regardé en face,

que vous avez jeté un cri de terreur, et que vous êtes tombé à ses pieds. Vous ne pouvez nier ces faits ; expliquez-les nous.

LE SICILIEN.

Cet inconnu, monseigneur.....

(Ici le prisonnier garda le silence pendant quelques minutes. Son âme semblait en proie aux plus terribles perplexités ; ses yeux égarés nous fixaient l'un après l'autre. Il reprit enfin.)

LE SICILIEN.

Cet inconnu, je vous jure, monseigneur, que c'est un être..... terrible.

LE PRINCE.

Quels rapports y a-t-il entre vous et lui? Ne vous flattez pas de nous cacher la vérité.

LE SICILIEN.

Je m'en garderai bien.....Car, qui me répond que l'homme dont nous parlons n'est pas en ce moment au milieu de nous ?

LE PRINCE, LORD SEYMOUR ET MOI.

Au milieu de nous ? qui ? Cela n'est pas possible.

LE SICILIEN.

Oh ! cet homme ou cet être, quel qu'il soit, peut des choses bien plus incroyables.

LE PRINCE.

Mais alors, qui est-il donc ? D'où vient-il ? Est-il Russe ou Arménien ? Qu'y a-t-il de réel dans les rôles qu'il joue ? Parlez !

LE SICILIEN.

Il n'est rien de ce qu'il paraît être. Il a porté le masque et le costume de tous les états et de toutes les nations. Personne ne sait qui il est, d'où il vient, où il va. Plusieurs prétendent qu'il a passé beaucoup de temps en Egypte et qu'il a rapporté des catacombes sa science surnaturelle; c'est ce que je ne saurais ni nier, ni affirmer. Chez nous, son seul nom est l'*Impénétrable*.

Par exemple, quel âge lui supposez-vous?

LE PRINCE.

Il paraît avoir tout au plus quarante ans.

LE SICILIEN.

Et moi, combien me donnez-vous d'années?

LE PRINCE.

Cinquante, à peu près.

LE SICILIEN.

C'est en effet mon âge. Eh bien, si je vous disais que j'avais à peine dix-sept ans, que j'entendais déjà parler de ce personnage étrange à mon grand-père, qui l'avait vu à Famagouste et lui avait trouvé le même âge qu'il semble avoir à l'heure qu'il est.

LE PRINCE.

Voilà qui est ridicule, absurde, incroyable.

LE SICILIEN.

Pas le moins du monde. Si ces chaînes ne me retenaient ici, je pourrais vous faire assurer de ce que j'avance par des témoins dont le seul aspect vous garantirait la véracité. Des gens, dont l'autorité ne saurait être mise en doute, se rappellent qu'il a été vu en plusieurs pays en même temps. Il n'y a ni glaive qui puisse le percer, ni feu qui puisse le brûler, ni poignard qui puisse l'atteindre. Les navires qu'il monte sont à l'abri du naufrage. Le temps même semble avoir perdu sur lui son influence ; il n'altère point sa force et ne blanchit point ses cheveux. Nul ne l'a vu manger. Il n'a jamais approché aucune femme. La nécessité du sommeil n'existe pas pour lui. Tout ce qu'on sait, c'est que, sur les vingt-quatre heures du jour, il y en a une pendant laquelle il ne s'appartient plus à lui-même. Tant que dure cette heure unique, il est invisible et entièrement étranger à tout ce qui se passe ici-bas.

LE PRINCE.

Vraiment... et quelle est cette heure?

LE SICILIEN.

Minuit. Lorsque l'horloge a sonné les douze coups redoutables, il ne compte plus au nombre des vivants. En quelque lieu qu'il soit, il faut qu'il le quitte; de quelque chose qu'il s'occupe, il faut qu'il l'abandonne. Cet inexorable moment le ravit aux bras de l'amitié, l'enlève du pied des autels, l'arracherait aux angoisses de l'agonie. Où va-t-il alors, et que devient-il? Qui pourrait le savoir? Personne n'ose l'interroger à ce sujet, et moins encore le suivre, car, aussitôt que sonne l'heure fatale, sa figure se décompose si horriblement, que le plus intrépide serait incapable de lui adresser la parole ou de le regarder en face. Si quelques personnes l'entourent, un silence mortel succède tout-à-coup à la conversation la plus animée, et chacun attend son retour avec une religieuse terreur, sans se hasarder seulement à changer de place, ou à entr'ouvrir la porte par laquelle il s'est éloigné.

MOI.

Et quand il reparaît, ne remarque-t-on en lui rien d'extraordinaire ?

LE SICILIEN.

Rien, sinon qu'il est pâle et abattu, comme s'il venait d'apprendre une nouvelle funeste, ou de subir une opération douloureuse. Quelques-uns prétendent avoir aperçu des gouttes de sang sur sa chemise ; mais cela n'est pas assez sûr pour qu'on l'affirme.

LE PRINCE.

A-t-on jamais essayé de le tromper sur l'heure, ou de la lui faire oublier à force de distractions ?

LE SICILIEN.

On dit qu'une seule fois il l'a laissée passer de quelques minutes. Il était au milieu d'une société nombreuse. Toutes les horloges ayant été retardées à dessein, la veillée s'était prolongée dans la nuit, et lui-même se laissait entraîner, comme les autres, au courant de la conversation, lorsque l'heure terrible arriva.... Il resta soudain muet et immobile. Tous ses membres gardèrent la position où ils avaient été surpris. Ses yeux demeurèrent fixes, et son pouls s'arrêta. Tous les moyens qu'on mit en œuvre pour le rappeler à lui furent inutiles, et sa léthargie ne finit qu'avec l'heure.... Alors, il se réveilla de lui-même, son regard se ranima, et il reprit son discours à la syllabe où il avait été interrompu. L'étonnement général lui fit connaître ce qui venait de se passer, et il déclara, d'un ton sévère et menaçant, qu'on était fort heureux d'en avoir été quittes pour la peur.

La nuit même, il quitta pour toujours la ville où cet événement lui était arrivé.

La plupart des personnes qui le connaissent pensent que, durant cette heure mystérieuse, il a des entretiens avec son génie. Quelques-uns le regardent comme un mort auquel il est permis de passer parmi les vivants vingt-trois heures de chaque journée, à condition de retourner, pendant la vingt-quatrième, subir son jugement dans l'autre monde. Beaucoup le prennent pour le fameux Apollonius de Thiane; d'autres croient qu'il est l'apôtre saint Jean, dont une tradition raconte qu'il doit demeurer ici-bas jusqu'à la fin du monde.

LE PRINCE.

Chacun ne peut manquer de faire les conjectures les plus singulières sur un tel homme ; mais vous ne nous rapportez que des ouï-dire à son sujet, et vos manières avec lui, comme les siennes envers vous, annoncent cependant des relations particulières. Ces relations ne datent-elles pas de quelque événement extraordinaire qui vous aura fortuitement rapprochés l'un de l'autre? Ne nous faites point de mystères.

(A cette question, le Sicilien nous observa avec incertitude et garda de nouveau le silence.)

LE PRINCE.

La confidence que je vous demande, ne peut-elle être faite que sous le sceau du secret? Je vous promets le plus inviolable en mon nom et en celui de ces messieurs. Parlez donc sans crainte et sans détour.

LE SICILIEN.

Si je puis compter qu'aucun de vous ne se servira de ce que je raconterai, pour témoigner contre moi, je vous ferai part d'une aventure étrange, où l'Arménien a figuré sous mes yeux, et qui levera tous vos doutes sur la puissance occulte de cet homme. Vous me permettrez seulement de voiler quelques noms dans mon récit.

LE PRINCE.

Cette condition est indispensable ?

LE SICILIEN.

Indispensable, monseigneur. Il s'agit d'une famille que ma discrétion doit respecter.

LE PRINCE.

Parlez.

XI.

— Il y a environ cinq ans, dit le Sicilien, étant à Naples, où j'exerçais mon art avec assez de succès, je fis connaissance avec le seigneur Lorénzo del M..nte, chevalier de l'ordre de Saint-Etienne. Jeune, riche et d'une des premières maisons du royaume, il se prit tout d'abord de la plus vive amitié pour ma personne et de la plus haute estime pour mes connaissances. Son père, me dit-il, était chaud partisan de la cabale, et serait enchanté d'avoir auprès de lui un sage tel que moi. C'est ainsi qu'il se plaisait à me nommer.

Le vieux marquis del M..nte habitait une de ses terres, au bord de la mer, à sept milles de Naples. Là, séparé du monde, il pleurait un fils adoré que le sort lui avait ravi.

Le chevalier me confia, à ce propos, que sa famille et lui pourraient m'employer dans une affaire de la plus haute importance, pour obtenir de mon art des lumières qu'ils avaient en vain demandées à toutes les ressources humaines.

— Si vous réussissez, ajouta-t-il, avec une émotion particulière, ce sera surtout moi qui vous devrai le bonheur de ma vie.

Voici de quoi il s'agissait.

Lorenzo, en sa qualité de cadet, avait été destiné d'abord à l'église, les biens de la famille devant passer aux mains de son frère aîné, le seigneur Géronimo. Ce dernier, après avoir voyagé pendant plusieurs années, était revenu à Naples, sept ans avant l'aventure dont il est question, afin d'épouser la fille unique du comte de C...tti, voisin des terres du marquis. Cette alliance avait été arrangée par les deux maisons, à la naissance même de leurs enfants, dans le but de réunir les deux fortunes en une seule.

Malgré tout ce que pouvait avoir d'arbitraire et d'incertain une convention de famille, faite si longtemps avant l'époque où le cœur des deux prétendus devait la sanctionner ou la combattre, aucun obstacle ne s'était présenté du côté des jeunes gens. Élevés ensemble et traités par leurs parents comme de futurs époux, Géronimo del M..nte et Antonia de C...tti se lièrent d'autant plus facilement l'un à l'autre, qu'on ne mit à leurs épanchements aucune contrainte, et que la plus parfaite harmonie régnait d'ailleurs entre leurs caractères. Leur amitié d'enfants s'accrut avec l'âge et se changea bientôt en amour.

Ce fut alors que Géronimo fit une absence de quatre ans ; cette épreuve confirma un attachement dont on pouvait suspecter encore la solidité, et le jeune homme revint près de sa fiancée, plus fidèle et plus ardent que s'il ne se fût jamais séparé d'elle.

La joie de ce retour durait encore et allait faire place à celle de la fête nuptiale, lorsque Géronimo disparut.

Il lui arrivait souvent d'aller passer la soirée à une villa proche de la mer, et d'y oublier les heures dans des promenades sur l'eau qui étaient son plaisir de prédilection. Un soir, il se fit attendre plus longtemps que de coutume. On envoya à sa recherche des courriers dans la campagne et des chaloupes sur la mer. Personne ne put en avoir de nouvelles. Aucun de ses domestiques ne manquait; il était parti seul, et n'avait plus été revu.

La nuit se passe au milieu des angoisses des deux familles, et le malheureux ne reparaît pas. Le jour suivant commence et s'achève; point de Géronimo!

Alors l'inquiétude est à son comble; on se livre aux plus sinistres conjectures, et on apprend enfin que des pirates d'Alger, ayant, quelques jours auparavant, fait une descente sur la côte, avaient pris et enlevé plusieurs habitants. A l'instant même, on expédie deux galères qui se trouvaient prêtes à mettre à la voile; et le vieux marquis en monte une en personne, décidé à sauver son fils, au péril de sa propre vie.

Deux jours se passent sans qu'on ait rien découvert. Le troisième jour enfin, au lever du soleil, on aperçoit les pirates, et on espère d'autant plus les atteindre qu'on a sur eux l'avantage du vent. On les atteint en effet, et on les approche tellement, que Lorenzo, placé sur la première galère, croit reconnaître son frère sur le pont d'un bâtiment ennemi, quand tout-à-coup une violente tempête les sépare, en dispersant les vaisseaux.

On échappe avec peine à ce nouveau péril ; mais, pendant qu'on triomphe des vents et des flots, les pirates disparaissent avec leur proie, et les galères sont obligées de prendre terre à Malte.

On ne saurait peindre la douleur des deux familles. Le vieux marquis s'arrachait les cheveux dans son désespoir, et la vie de la comtesse Antonia fût longtemps en danger.

Cinq années furent employées à des recherches inutiles. En vain, on fit prendre des informations sur toute la côte de Barbarie ; en vain, on promit des sommes considérables à qui donnerait des nouvelles de Géronimo. Il fallut s'arrêter à la supposition, trop vraisemblable, que la tempête qui avait dispersé les galères du marquis avait coulé à fond celles des pirates, et que Géronimo s'était noyé avec ses ravisseurs.

Néanmoins, toute spécieuse que fut cette conjecture, on se garda bien d'y voir une certitude, et on ne put renoncer entièrement à l'espoir de retrouver le fiancé d'Antonia. Mais, dans le cas où cet espoir ne se réaliserait point, il fallait voir s'éteindre la famille des M..nte, ou retirer le chevalier de l'église, pour l'investir des droits de son frère aîné. Ce dernier parti semblait opposé à la stricte justice qui régissait alors les grandes maisons ; et cependant, il était impossible de laisser longtemps exposé à une extinction éternelle un nom aussi ancien et aussi haut placé que celui du marquis.

En attendant, la douleur s'unissait à la vieillesse pour pousser le malheureux père vers la tombe. Chaque tentative inutile affaiblissait sa vie en même temps que son espérance; et, ne pouvant s'habituer à l'idée de voir sa famille s'anéantir, il se familiarisait peu à peu avec la légère injustice qui préviendrait ce malheur, en substituant le fils qui lui restait à celui dont l'existence était un problème. Pour unir sa maison à celle du comte de C...tti, il suffisait de changer le prénom du fiancé, et Antonia remplissait l'intention des deux parties, en épousant Lorenzo, aussi bien qu'en épousant Géronimo. La faible possibilité du retour de celui-ci ne put soutenir la comparaison avec le péril certain et pressant qui menaçait une des premières branches de l'arbre nobiliaire d'Italie, et le vieux marquis, sentant de jour en jour approcher sa fin, voulut se délivrer, avant de mourir, d'une aussi intolérable anxiété.

Mais l'homme qui devait le plus gagner à ce nouvel arrangement, fut précisément celui qui s'y opposa avec le plus d'opiniâtreté, et qui mit tout en œuvre pour en empêcher l'exécution. Dédaignant les avantages d'une fortune immense et d'une union qui amenait dans ses bras la femme la plus désirable, le chevalier n'écoutait que le généreux scrupule qui lui défendait de dépouiller un frère encore vivant peut-être, et auquel il pourrait avoir à rendre compte un jour d'un bien qui n'aurait jamais dû lui appartenir.

— Mon cher Géronimo, disait-il, n'est-il donc pas assez à plaindre dans la longue captivité où il gémit sans doute ; et faut-il ajouter à son malheur la perte de ce qu'il a de plus cher au monde ? Comment oserais-je demander au ciel son retour, quand sa femme serait dans mes bras? Si un miracle nous le rendait, de quel front irais-je au-devant de lui? Et s'il est tout-à-fait perdu, y a-t-il un meilleur moyen d'honorer sa mémoire, que de garder à jamais sa place vide au milieu de nous, de laisser saigner éternellement la plaie que sa disparition fait à notre famille, de sacrifier sur sa tombe toutes nos espérances, et de conserver intact, comme un dépôt sacré dans un sanctuaire, tout ce qui lui aurait appartenu, tout ce qui nous serait resté de lui?

De telles raisons étaient bien puissantes, et cependant elles tombaient, dans l'esprit du vieux marquis, devant la nécessité d'assurer à la hâte le salut d'une maison, florissante et illustre depuis près de neuf siècles! Tout ce que Lorenzo put obtenir, ce fut de ne conduire à l'autel la fiancée de son frère, qu'après un délai de deux ans.

Pendant cet intervalle, les perquisitions se continuèrent plus activement que jamais. Lorenzo lui-même traversa plusieurs fois les mers, s'exposa à mille dangers, et prodigua en même temps son or et sa vie..... Soins et peines perdues ! Les deux années s'écoulèrent sans qu'on eût trouvé la moindre trace de Géronimo.

— Et la comtesse Antonia ? demanda le prince, interrompant le Sicilien à cet endroit de son récit, vous ne nous dites rien de la situation de son âme. Se résignait-elle donc si facilement au nouveau sort qu'on lui faisait ? C'est ce que j'aurais peine à croire.

— L'état d'Antonia, reprit le Sicilien, était une hésitation douloureuse entre l'obéissance et l'amour, entre l'admiration et la haine. Frappée du généreux désintéressement de Lorenzo, elle ne pouvait se défendre du plus profond respect pour un homme qu'elle avait juré de ne jamais aimer;

et, pendant que son cœur saignait, déchiré par ces sentiments contraires, son aversion pour le chevalier semblait croître, à mesure qu'il acquérait de nouveaux droits à son estime.

Lorenzo ne put voir sans compassion le chagrin secret qui consumait la belle comtesse. Un tendre intérêt remplaça insensiblement l'indifférence avec laquelle il l'avait toujours regardée, et ce sentiment grandit tellement dans son cœur, qu'il le remplit bientôt tout entier, et que l'amour le plus violent vint lui rendre impraticable cette abnégation fraternelle qu'il avait poussée jusqu'à un héroïsme sans exemple.

Cependant sa passion n'étouffa pas les inspirations de sa générosité. Imposant autant que possible le silence à la première pour écouter la seconde, il soutint toujours, seul contre sa famille, les droits de son malheureux frère. Mais, pour les autres comme pour lui-même, ses efforts furent infructueux. Chaque victoire qu'il remporta sur son amour ne fit que lui en prouver la force et l'ardeur croissante; et la magnanimité de ses refus, en excitant l'admiration de ses parents, les décida de plus en plus à vaincre à tout prix une résistance qui empêchait son bonheur et leur gloire.

XII.

— Les choses en étaient là, poursuivit le Sicilien, lorsque le chevalier m'invita à l'aller voir à la maison de son père. La puissante recommandation de mon jeune patron m'y fit recevoir d'une façon qui surpassa mes espérances. Je dois dire, au reste, que j'étais parvenu à donner à mon nom quelque célébrité dans les loges du pays ; ce qui ne contribuait pas peu à m'assurer la confiance du vieux marquis, et à lui faire concevoir de moi la plus haute opinion.

Les moyens que j'employai pour m'emparer de son esprit seraient trop longs à déduire. Jugez-en par les aveux que vous venez d'entendre, et contentez-vous de savoir que ce fut en faisant mon profit de tous les livres mystiques renfermés dans la bibliothèque du vieillard que je me mis en état de lui parler sa langue, et d'appuyer d'inventions et d'aventures plus étranges les unes que les autres mon système sur le monde des esprits. Il crut bientôt tout ce que je voulus lui faire croire, et il aurait juré des rapports mystérieux des philosophes avec les sylphes et les salamandres aussi bénévolement que de l'authenticité des canons de l'église.

Ajoutez à cela que son exaltation religieuse ne faisait qu'augmenter ses dispositions à la crédulité universelle, et qu'assurer le succès de mes histoires les plus extravagantes. Bref, je le pris et l'entortillai tellement dans les filets de la mysticité, que tout lui semblait simple et naturel, excepté ce qui l'était réellement.

Ce fut ainsi que je devins l'oracle de la maison. Le texte ordinaire de mes leçons était l'exaltation de la nature humaine, ses relations avec les êtres supérieurs, et le garant de mes paroles était l'infaillible comte de Gabalis.

La jeune comtesse qui, depuis la perte de son amant, vivait moins avec le monde réel qu'avec le monde des esprits, et qui était d'ailleurs naturellement mélancolique, prenait à mes jongleries un plaisir particulier ; et il n'y avait pas jusqu'aux domestiques du château qui ne trouvassent mille prétextes de s'introduire dans le salon, lorsque je parlais, pour saisir à la dérobée quelques lambeaux de phrases, dont ils ne manquaient pas de tirer, à leur manière, les conséquences les plus merveilleuses.

Il y avait près de deux mois que cela durait, quand un matin le chevalier entra dans ma chambre. Son visage était empreint d'une morne tristesse, et une altération profonde régnait dans ses traits. Il se laissa tomber dans un fauteuil, avec toutes les marques du désespoir.

— Capitaine, dit-il, c'est fait de moi ; je ne puis supporter plus long-temps un pareil supplice ; il faut que je parte.

— Que vous est-il arrivé, chevalier ? Qu'avez-vous ?

— O passion fatale ! Je l'ai combattue avec tout le courage dont un homme est capable ; je n'ai pu la surmonter ; je suis vaincu.

Après s'être levé vivement en parlant ainsi, il se jeta avec abattement dans mes bras.

— Mais, mon ami, observai-je, à quoi tient votre malheur, si ce n'est à vous-même? N'êtes-vous pas le maître? votre père, votre famille...

— Mon père, ma famille? interrompit-il, qu'est-ce que tout cela signifie pour moi? Est-ce à la force que je veux devoir une main qui se livre à regret? C'est l'amour d'Antonia que j'ambitionne, son amour libre et volontaire.—Et elle l'a donné à un autre! Car j'ai un rival,... et quel rival, grand Dieu! un rival que personne ne saurait trouver, un rival qui est peut-être maintenant parmi les morts! Oh! laissez-moi! laissez-moi! Quoiqu'il m'arrive, et dussé-je aller jusqu'au bout du monde, il faut que je sache ce qu'est devenu mon frère!

— Eh! quel espoir peut vous rester, après tant de recherches inutiles?

— Quel espoir? Ah! il y a longtemps que tout espoir est mort dans mon cœur; mais puis-je en dire autant de celui d'Antonia? Et, au fond, qu'importe que j'espère ou non? M'est-il permis d'être heureux tant qu'il restera dans l'esprit de la comtesse la moindre pensée de la possibilité du retour de Géronimo? Hélas, mon ami! deux mots suffiraient pour terminer mes tourments, mais ces deux mots, qui pourrait les dire? Je ne cesserai d'être misérable et maudit que le jour où l'Éternité donnera son secret au Temps, où la tombe élèvera la voix pour déposer en ma faveur!...

— Votre bonheur dépend donc d'une certitude...

— Je doute que mon bonheur soit jamais possible... mais je sais que l'incertitude est le plus affreux des maux...

Il garda quelque temps le silence, et reprenant d'un air moins agité, mais non moins triste :

— Ah ! s'écria-t-il, si Géronimo savait ce que je souffre ! Ferait-il sa joie d'une fidélité qui désespère un frère qu'il aime ? Mon Dieu, faut-il donc que, pour un mort qui n'a plus rien à demander à la terre, un vivant languisse et meure à son tour ?

— Ah ! si Géronimo voyait mon supplice, reprit-il, en cachant dans ma poitrine son visage inondé de larmes ; il quitterait la tombe pour venir lui-même conduire sa fiancée dans mes bras !

— Et bien, si un tel souhait pouvait s'accomplir ? dis-je à Lorenzo.

— Que dites-vous, mon ami, répondit-il, en me regardant avec effroi.

— Pour des raisons et des circonstances moins graves, continuai-je, on a fait intervenir les morts dans les affaires des vivants.

Et lorsqu'il s'agit du bonheur d'un homme, d'un frère...

— Oui, de son bonheur, vous dites vrai... du bonheur de sa vie entière.

— Lorsque le repos peut être rendu à toute une famille en pleurs, on n'aurait pas le droit de troubler pour un instant celui des bienheureux, d'employer à rouvrir les tombeaux une puissance...

— N'achevez pas, au nom de Dieu ! mon ami, s'écria-t-il, en me fermant la bouche ; cette pensée m'est venue souvent à l'esprit, je vous l'avoue ; je ne sais même si je ne l'ai pas quelquefois exprimée en votre présence, mais je n'ai jamais osé m'y arrêter une minute et je l'ai toujours repoussée loin de moi, comme impie et sacrilége...

Vous devinez, continua le Sicilien, où cette conversation nous conduisit. J'employai toute mon éloquence à dissiper les scrupules du chevalier, et j'en vins à bout.

Nous décidâmes que je ferais *revenir* Géronimo ; et je ne demandai que quinze jours pour me préparer à cette grande évocation.

Ce temps écoulé et mes machines prêtes, je choisis, pour annoncer mon projet, une soirée orageuse, pendant laquelle toute la famille était, comme de coutume, rangée autour de moi, et j'amenai adroitement chacun à m'en demander l'exécution la plus prompte. La comtesse seule fit une résistance que j'eus quelque peine à vaincre, et cependant sa présence était indispensable à mes opérations. Heureusement, la violence même de son amour la fit consentir à une tentative qu'elle regardait comme une profanation. Une espérance lui vint que Géronimo ne répondrait point à mon appel, ce qui prouverait qu'il vivait encore.

Quant à la réalité de ma puissance et à la possibilité de mon entreprise, il est à remarquer que je n'eus pas la moindre défiance à combattre sous ce rapport.

Fort de l'adhésion de tout le monde, je fixai l'évocation au troisième jour, en ordonnant jusque là des prières prolongées dans la nuit, des jeûnes, des veilles, des retraites et des entretiens mystiques, dont j'augmentai encore l'effet par le son d'un instrument inconnu qui m'avait été de la plus grande utilité dans des circonstances semblables. Ces préparatifs eurent un tel succès, que l'exaltation de mes hôtes réagit sur ma propre imagination, et que tout se trouva admirablement disposé pour l'illusion que je devais produire, lorsqu'arriva l'heure attendue avec une terrible impatience.

En ce moment, le Sicilien fit une pause.

— Je devine, dit le prince, quel personnage nous allons voir paraitre; mais continuez, continuez.

— Monseigneur, reprit le prisonnier,

vous êtes dans l'erreur; la conjuration réussit parfaitement.

— Comment?... Et l'Arménien, où est-il donc, au milieu de tout cela?

— Soyez tranquille, l'Arménien se montrera quand il en sera temps.

XIII.

—Je vous épargne, poursuivit le Sicilien, le détail des tours de passe-passe par lesquels j'ouvris la séance. Il suffira de vous dire que je m'emparai des esprits avec un succès qui surpassa mon attente.

L'assistance se composait du vieux marquis, de la jeune comtesse, de sa mère, du chevalier et de quelques autres membres des deux familles. Vous concevez que, pendant le long séjour que j'avais fait dans la maison, j'avais eu mille occasions d'apprendre tout ce qui concernait Géronimo. Plusieurs portraits de lui, qui étaient à ma disposition, me permirent de donner une ressemblance complète au fantôme qui devait le représenter ; et, comme j'eus la précaution de ne faire parler ce dernier que par signes, je n'eus point à craindre de fâcheuses remarques sur l'identité du son de voix.

Le mort apparut, vêtu d'un habit d'esclave barbaresque, et portant sur la poitrine les traces d'une profonde blessure. — Vous remarquerez que ma supposition s'éloignait de l'opinion de toute la famille, qui voulait que le fiancé d'Antonia eût péri dans les flots ; j'avais quelques raisons de penser que cette version inattendue, en frappant les esprits comme une nouvelle lumière, inspirerait d'autant plus de confiance en mon évocation, tandis qu'au contraire rien ne m'eût semblé plus dangereux que de me renfermer servilement dans les conjectures naturelles et générales.

— Et vous aviez parfaitement raison, observa le prince. Dans une série d'opérations surnaturelles, une chose vraisemblable ne peut que causer une surprise funeste à l'illusion. Le merveilleux qui s'explique et se comprend n'est plus du merveilleux, ou du moins il perd une partie de son prestige. Quand on rappelle une âme sur la terre, comme vous faisiez, à quoi servirait-il de troubler son repos, si c'était pour apprendre des choses qu'on découvrirait, à la rigueur, avec la seule lumière du sens commun. Une circonstance neuve, étrange, incroyable est la meilleure garantie d'un prodige. Mais je vous ai interrompu ; continuez, je vous prie.

— Je demandai au fantôme, poursuivit le Sicilien, s'il n'y avait plus rien ici-bas qu'il put réclamer comme sien, qui conservât encore des droits à son souvenir et à son affection. Il répondit en hochant trois fois la tête et en levant la main vers le ciel ; puis il disparut, après avoir tiré de son doigt un anneau qu'on trouva sur le parquet. La comtesse le prit, l'examina et reconnut son anneau de fiançailles.

— Son anneau de fiançailles ! s'écria le prince, avec le plus grand étonnement ; et comment vous l'étiez-vous procuré ?

— Je... ce n'était pas le véritable, monseigneur ; je l'avais... il était imité.

— Imité ! reprit le prince ; mais il fallait avoir le véritable pour l'imiter. Par quel moyen l'aviez-vous eu ? Il ne devait jamais quitter la main de Géronimo.

—Sans doute, dit le Sicilien avec un embarras visible. Aussi, était-ce d'après une description qui m'avait été faite du véritable anneau...

— Qui vous avait fait cette description? insista le prince.

— Oh! cela remontait fort loin... c'était, au reste, un simple anneau en or, tout uni, portant, je crois, le nom d'Antonia... Mais vous m'avez fait perdre le fil de mon récit.

— Remettez-vous, et achevez, dit le prince d'un air de mécontentement et de méfiance.

— Dès ce moment, reprit le prisonnier, personne ne douta plus de la mort de Géronimo. La famille en publia la nouvelle, et prit solennellement le deuil. La circonstance de la bague avait convaincu la comtesse elle-même, et donnait toute chance de succès aux prétentions du chevalier. Mais le saisissement, qu'avait causé à la fiancée l'apparition de son époux fut, suivi d'une maladie de langueur qui faillit l'enlever aux espérances de son nouvel amant.

Elle guérit cependant; et moins décidée que jamais à condescendre aux désirs de sa famille, elle annonça l'intention de prendre le voile et de consacrer à Dieu le reste de sa vie. On ne vint à bout de la détourner de ce projet qu'en faisant intervenir son confesseur, en qui elle avait une confiance sans bornes. Enfin, les instances réunies de cet homme et de la famille parvinrent à lui arracher le *oui* si attendu.

Le jour qui devait terminer le deuil de Géronimo fut choisi par le vieux marquis pour commencer le bonheur du chevalier, auquel il résolut de donner tous ses biens, avec la main d'Antonia…

Ce jour arriva, et Lorenzo conduisit à l'autel sa tremblante épouse.

Le soir, après la cérémonie, un festin

splendide attendait la famille et les convives dans une salle éblouissante de lumières et animée des sons d'une musique vive et joyeuse. L'heureux père de Lorenzo, voulant que tout le monde partageât sa joie, avait fait ouvrir toutes les avenues du château, et recevait avec un égal empressement quiconque se présentait pour le féliciter.

Au milieu de la foule qu'avait attirée cette publique invitation,...

Ici le Sicilien s'arrêta brusquement et le frisson de l'attente suspendit notre respiration sur nos lèvres...

— Au milieu de cette foule, reprit-il, un homme, assis près de moi, me fit remarquer un frère cordelier qui se tenait dans un angle de la salle, debout et immobile comme un pilier de marbre... Sa taille était haute et grêle, son visage maigre et blême, et il fixait sur les époux un regard triste et lugubre. L'allégresse qui rayonnait autour de lui sur toutes les figures, semblait craindre de se refléter sur la sienne. On eût dit une statue parmi des êtres vivants.

L'impression que produisirent sur moi la physionomie et les regards de cet homme, au milieu de cette fête, fut si terrible, qu'elle ne s'est jamais effacée de mon âme, et que le souvenir m'en a suffi pour me faire reconnaître (ce qui m'eût été impossible sans l'aventure que je vous raconte) les traits du cordelier de Naples dans ceux du Russe de l'auberge de la Brenta; car vous avez déjà deviné que le cordelier, le Russe et l'Arménien ne sont qu'un seul homme.

Je fis de vains efforts pour détourner mes yeux de cette espèce de fantôme; une puissance irrésistible les y ramenait sans cesse, et c'était toujours la même posture et la même impassibilité. Je le fis remarquer à mon voisin; celui-ci le montra au sien qui le désigna à un autre, et en moins de cinq minutes, toute la salle eut les yeux fixés sur l'effrayant personnage.

Aussitôt, la stupeur remplace la gaîté ; les conversations s'interrompent ; un silence glacial s'étend d'un bout de la table à l'autre ; et le moine restait toujours là, immobile et muet, et il ne cessait point de fixer sur les époux son regard triste et lugubre.

Bientôt, l'étonnement se change en terreur. La comtesse seule, heureuse de trouver sur un autre visage le chagrin que le sien n'ose laisser paraître, prend un secret plaisir à considérer le seul être qui, dans une si nombreuse réunion, semble comprendre son malheur et compatir à sa peine.

Cependant, le festin s'abrège et la foule s'éclaircit peu-à-peu ; minuit sonne ; la musique se ralentit ; les lumières pâlissent ; les conversations languissantes ne se continuent plus qu'à voix basse ; en un mot, cette salle, si animée tout à l'heure, paraît se convertir en désert ; et le moine reste toujours là, immobile et muet, et ne cesse point de fixer sur les époux son regard triste et lugubre.

Enfin, la table est enlevée, les derniers convives se retirent ; la famille se réunit en un cercle intime, et le cordelier, se mettant pour la première fois en mouvement, vient y prendre place, sans que personne l'ait invité, ou lui ait seulement adressé la parole. Déjà les amies de l'épouse l'entourent, et elle jette, de moment en moment, au vénérable étranger des regards qui semblent implorer sa protection, et auxquels il ne répond par aucun signe. Les hommes à leur tour s'approchent de l'époux, et ce double mouvement est suivi d'un grand silence.

— Qu'il y a de bonheur dans ce petit cercle ! s'écrie tout-à-coup le vieux marquis.

Il était le seul qui n'eût pas remarqué

l'inconnu ou du moins qui n'eût pas été frappé de la singularité de sa figure.

— Pourquoi, ajoute-t-il, pourquoi mon fils Géronimo n'est-il pas ici ?

— L'as-tu donc invité pour qu'il s'y trouve? dit le moine de sa place.

C'était la première fois qu'il ouvrait la bouche.

— Hélas ! reprend le vieillard, pendant que tout le monde considérait le religieux avec terreur, vous m'avez mal compris, mon révérend père, mon fils est en un lieu d'où l'on ne revient pas; il a cessé de vivre.

— Et s'il craignait seulement de se montrer dans cette assemblée? Qui peut savoir ce qui est arrivé au seigneur Géronimo? Fais-lui entendre la voix qu'il a entendue la dernière. Prie ton fils Lorenzo de l'appeler.

Un murmure circule dans la salle.

— Où veut-il en venir? se demande chacun, avec un serrement de cœur.

En même temps, le chevalier rougit et pâlit tour-à-tour. — J'avoue que je commençais à sentir mes cheveux se dresser sur ma tête.

Tout-à-coup, le moine s'approche d'un buffet. Il prend un verre qu'il remplit de vin, et il le porte à ses lèvres.

— A la mémoire de notre cher Géronimo, dit-il d'une voix forte; que ceux qui l'ont aimé fassent comme moi.

— Mon père, s'écrie aussitôt le marquis, vous venez de prononcer un nom sacré pour nous. Qui que vous soyez, vous êtes le bienvenu.

— Mes amis, poursuivit-il, en se tournant vers nous et en nous faisant passer des verres; ne craignons pas d'imiter cet étranger que nous aurions dû prévenir. A la mémoire de mon fils Géronimo!

Chacun obéit; mais je ne crois pas que jamais santé pareille fût bue avec tant d'effroi.

— Encore un verre plein ! s'écria le vieillard. Est-ce que mon fils Lorenzo refuse de boire au souvenir de son frère ?

Le chevalier devint pâle, prit le verre que le cordelier lui présentait, et le porta d'une main tremblante à ses lèvres.

— A mon bien-aimé frère Géronimo ! balbutia-t-il.

Et il remit le verre sur la table, en frémissant des pieds à la tête.

— Cette voix est celle de mon meurtrier ; s'écria au même instant un spectre affreux, qui parut sortir de terre, et qui passa devant nous en nous laissant voir ses habits ensanglantés et son corps déchiré d'horribles blessures.

Ici, dit le Sicilien, ne me demandez pas de vous peindre l'épouvante générale. Au seul aspect du fantôme j'avais perdu l'usage de mes sens ; et de tous ceux qui étaient là, pas un n'eut plus de force ou de courage que moi.

Quand nous revînmes à nous, Lorenzo luttait avec la mort; le moine et le spectre avaient disparu.

On porta le chevalier dans son lit, où il expira, au milieu des convulsions. Les seuls témoins de sa mort furent son père, qui lui survécut à peine de quelques jours, et son confesseur, qui reçut de lui des aveux que nul autre homme vivant n'a connus.

Peu de temps après cette aventure, en nettoyant un puits caché depuis nombre d'années sous des broussailles, dans une cour abandonnée du château, on trouva un cadavre parmi les décombres.

La maison où ces choses se sont passées n'existe plus. La famille del M..nte est éteinte, et le seul souvenir qui en reste dans le pays est le tombeau d'Antonia, qu'on montre encore dans un couvent, à peu de distance de Salerne.

— Maintenant, reprit le Sicilien, après

une longue pause (car sa terrible histoire nous avait laissés muets et frémissants d'horreur), vous voyez comment je connais cet officier Russe ou ce cordelier, ou cet Arménien, et vous pouvez juger si j'ai eu raison de trembler en me trouvant face-à-face avec un homme qui s'est rencontré sur mon chemin d'une si redoutable façon.

Je n'ai plus qu'une question à vous faire, dit le prince, en se levant. Avez-vous été bien sincère dans votre récit, en ce qui concerne Lorenzo?

— J'ai dit tout ce que je savais, répondit le prisonnier.

— Ainsi, vous avez tenu le chevalier pour un honnête homme?

— Oui, par Dieu!

— Lors même qu'il vous remit l'anneau dont il a été question?

— Comment! il ne m'a point remis d'anneau; je ne vous ai pas dit qu'il m'eût remis un anneau.

— Il suffit, dit le prince.

Il tira le cordon d'une sonnette et se disposa à sortir ; mais, avant qu'on fût venu, il se retourna vers le jongleur.

— Et ce spectre du marquis de Lannoy, demanda-t-il, que le Russe a fait apparaître hier après le vôtre, le croyez-vous un véritable spectre?

— Je ne puis le croire autre chose, répartit le prisonnier.

— Venez, nous dit le prince.

Le geôlier arriva au même instant.

— Nous avons fini, lui dit-il ; et s'adressant encore au Sicilien, du seuil de la porte ;

— Quant à vous, monsieur, ajouta-t-il, vous aurez bientôt de mes nouvelles.

XIV.

Aussitôt que je fus seul avec le prince, le dialogue suivant s'établit entre nous :

MOI.

Monseigneur, je vous adresserai la même question que vous venez de faire au jongleur : regardez-vous comme réelle la seconde apparition du marquis de Lannoy?

LE PRINCE.

Non, certainement ; je suis parfaitement revenu de cette opinion.

MOI.

Revenu! vous aviez donc...

LE PRINCE.

Je conviens que j'avais d'abord donné à cette fantasmagorie plus d'importance qu'elle n'en mérite.

MOI.

Malheureusement, il était difficile de ne pas la prendre au sérieux, avec les circonstances particulières qui l'ont précédée et accompagnée. Mais enfin quelles raisons ont détruit votre illusion? Tout ce que nous venons d'apprendre sur cet Arménien est plus propre à confirmer qu'à affaiblir l'idée qu'on aurait pu se faire de sa puissance surnaturelle.

LE PRINCE.

Nous n'avons entendu qu'un misérable, car vous ne pensez pas, j'imagine, que le Sicilien soit autre chose...

MOI.

C'est l'effet qu'il me fait, et cependant son témoignage....

LE PRINCE.

Le témoignage d'un misérable, en supposant même qu'on n'eût aucun autre motif de le récuser, ne saurait entrer en balance avec le bon sens et l'ordre naturel des choses. Un homme qui m'a trompé plusieurs fois, qui, du reste, est un fourbe de profession, ne peut être entendu sérieusement dans une affaire où le plus constant et le plus sincère ami de la vérité mériterait à peine la confiance ; autant vaudrait admettre la déposition d'un scélérat flétri par la loi, contre un homme dont la vie n'aurait encore mérité aucun reproche.

MOI.

Mais, s'il ment, pourquoi le fait-il à l'avantage et à la gloire d'une personne qu'il a tant sujet de haïr ou du moins de redouter ?

LE PRINCE.

De ce que nous ne voyons pas ses raisons, s'ensuit-il que nous ne devons pas lui en supposer ? J'avoue que je me perds dans le dédale de ses fourberies. Mais ce qu'il y a de sûr, c'est qu'il ne pouvait rendre à sa cause, s'il en a une, un plus mauvais service, que de se poser devant moi comme un imposteur, pour ne pas dire pis.

MOI.

La circonstance de l'anneau me semble effectivement fort suspecte.

LE PRINCE.

Elle est plus que suspecte, elle est décisive. Le misérable n'a reçu cet anneau que du meurtrier, et il n'a pu douter que celui qui le lui remettait fut le meurtrier. Quel autre, en effet, eût enlevé à Géronimo un bijou dont il ne pouvait se séparer vivant? Le Sicilien a disposé tous les détails de son histoire de façon à nous persuader qu'il avait été la dupe de Lorenzo pendant qu'il croyait en faire la sienne. Pourquoi tant de détours, s'il n'avait senti qu'il se perdait en laissant soupçonner son intelligence avec le meurtrier? Son récit tout entier n'est évidemment qu'un tissu d'impostures destinées à rattacher l'un à l'autre le petit nombre de vérités qu'il nous abandonne ; et quand j'ai surpris dix mensonges à un homme de cette sorte, je me ferais scrupule de l'accuser d'un onzième nécessaire à tous les autres ! Et je croirais plutôt que la nature a suspendu le cours de ses lois, la nature que je n'ai jamais trouvée en défaut ! Non ! non ! c'est impossible.

MOI.

Je n'ai rien à répondre à cela, mais l'apparition que nous avons vue hier n'en demeure pas moins pour moi un incompréhensible mystère.

LE PRINCE.

Je ne me flatte pas de le comprendre mieux que vous ; quoique cependant j'aie trouvé peut-être une explication.....

MOI.

Laquelle ?

LE PRINCE.

Ne vous souvenez-vous pas que le second fantôme, dès qu'il parut, s'approcha de l'autel, prit en main le crucifix et se plaça sur le tapis de satin ?

MOI.

En effet.

LE PRINCE.

Le Sicilien nous a dit que le crucifix était un conducteur.

MOI.

C'est vrai.

LE PRINCE.

En s'en emparant, le fantôme s'électrisait dans lui-même; et voilà pourquoi le coup d'épée de lord Seymour est demeuré sans effet. Ce dernier aura reçu, en le portant, une commotion qui aura paralysé son bras.

MOI.

Votre explication est claire, quant à l'épée ; mais cette balle que le Sicilien tira sur le spectre et que nous entendîmes rouler tranquillement sur l'autel ?....

LE PRINCE.

Etes-vous bien sûr que la balle qui roulait ainsi soit la même que celle qui était sortie du pistolet. Il est inutile de vous dire que le mannequin ou l'homme qui représentait l'esprit pouvait être cuirassé à l'épreuve du fer et du plomb. Rappelez-vous seulement qui avait chargé les pistolets.

MOI.

C'était le Russe, il est vrai ; et voilà un trait de lumière !.... Mais pourtant il les a chargés devant nous ; et comment a-t-il pu tromper nos yeux au point.....

LE PRINCE.

Comment? Rien n'était-il donc plus facile?
N'aviez-vous pas alors toute confiance en
cet homme? Songiez-vous le moins du monde
à observer ses mouvements? Avez-vous
examiné les balles avant qu'il les mit dans
le canon des pistolets? Avez-vous seulement
pris garde s'il les y mettait réellement ou
s'il ne les laissait pas retomber dans sa main?
Ces balles ne pouvaient-elles pas être de
l'argile peinte ou du vif argent? Et supposez
même que les pistolets eussent été chargés
comme vous l'avez cru, qui nous assure
que le Russe ne les a pas changés en passant
d'un pavillon à l'autre? Pouvions-nous voir
ce qu'il faisait dans ce moment où nous
étions occupés nous-mêmes à nous déshabiller? Enfin, n'était-il pas facile au fantôme,
pendant que la fumée le dérobait à nos
regards, de laisser tomber sur l'autel la

véritable balle, dont il avait pu se munir à cette intention. Qu'y a-t-il d'invraisemblable dans toutes ces suppositions, je vous le demande ?

MOI.

Vous avez encore raison sur tous ces points. Mais il en est un que vous aurez peine à éclaircir, c'est cette ressemblance du spectre avec l'ami que vous avez perdu ; ressemblance si positive qu'elle m'a frappé immédiatement, moi qui ai vu mille fois chez vous le marquis de Lannoy.

LE PRINCE.

Je dois en convenir, l'illusion, sous ce rapport, a été aussi complète qu'elle pouvait l'être. Mais si le Sicilien, au moyen de quelques regards jetés à la dérobée sur ma tabatière, a donné à sa grossière peinture une analogie qui m'a trompé, aussi bien que vous-même, cette analogie n'a-t-elle pu être poussée jusqu'à une ressemblance réelle par le Russe, qui, pendant tout le dîner, a disposé librement de ma tabatière, qui avait d'ailleurs l'avantage de n'être remarqué de personne, à qui enfin j'avais nommé confidentiellement l'original du portrait ? Ajoutez à cela (ce qui n'a pas échappé au Sicilien lui-même) que la physionomie du marquis consiste en quelques traits prononcés qu'il est très-facile de reproduire, en les exagérant un peu. Et maintenant, je vous le demande encore, qu'y a-t-il d'inexplicable dans toute cette mystification ?

MOI.

Mais ces réponses du fantôme ? Ces détails circonstanciés sur votre ami ?

LE PRINCE.

Et le Sicilien ne vient-il pas de nous déclarer qu'il avait bâti toute une histoire, fort croyable, sur ce qu'il m'avait fait dire. Cela ne prouve qu'une chose, c'est qu'il est aussi facile aux fourbes de faire des inventions de ce genre qu'aux honnêtes gens de s'y laisser prendre. D'ailleurs, les paroles du prétendu esprit avaient le défaut de tous les oracles : elles étaient brèves et amphibologiques, et arrangées de telle sorte, qu'elles étaient à l'abri de toute contradiction. Pour peu que vous accordiez au compère qui jouait le revenant quelque perspicacité et quelque présence d'esprit, avec de bons renseignements sur son rôle, vous serez forcé de convenir que cette jonglerie aurait pu être poussée beaucoup plus loin encore qu'elle ne l'a été.

MOI.

Mais, monseigneur, vous figurez-vous tout ce qu'il a fallu à l'Arménien de préparatifs et de machines pour exécuter le vaste plan que vous lui supposez ; combien de temps surtout il a dû employer à mille détails indispensables ; combien à représenter une tête d'homme aussi fidèlement qu'il l'a fait ; combien à donner au fantôme des instructions assez complètes pour le prévenir contre toute méprise et toute distraction ; combien à coordonner une infinité d'accessoires dont le moindre, mal placé ou mal entendu, pouvait répéter ou contredire les manœuvres du Sicilien? Et songez-vous que pour monter tout cela il n'a eu qu'une demi-heure ! Car son absence n'a pas duré plus longtemps. En vérité, monseigneur, l'auteur dramatique qui, pour concilier les trois inexorables unités d'Aristote, entasserait dans un entr'acte tant d'actions et tant de faits, aurait une confiance bien audacieuse dans la crédulité du parterre.

LE PRINCE.

Vous trouvez donc impossible que toutes

ces opérations aient pu se faire en une demi-heure?

MOI.

Je le trouve ainsi.

LE PRINCE (*vivement*).

Je ne vous comprends pas. Est-ce donc méconnaître les lois du temps et de l'espace que de supposer qu'un homme habile, comme l'Arménien doit l'être, secondé par des camarades non moins exercés que lui-même, agissant dans l'ombre de la nuit, sûr de n'être observé ou gêné par personne, entouré au contraire de toutes les circonstances capables de doubler encore ses moyens de succès ; de supposer, dis-je, que cet homme puisse exécuter en une demi-heure des choses qui nous semblent exiger un temps plus considérable ? Est-il absurde de penser qu'avec quelques paroles ou même quelques signes convenus, il fait donner à ses agents les ordres les plus précis, et qu'une minute et un geste lui suffisent pour commander des opérations dont la complication nous effraie? Quand il s'agit d'opposer une impossibilité purement humaine aux lois divines de la nature, il faut au moins que cette impossibilité soit démontrée clairement. Aimez-vous mieux croire un prodige, qu'un fait qui a seulement contre lui plus ou moins d'invraisemblance ; et admettez-vous le bouleversement de l'ordre éternel du monde, plutôt qu'une combinaison de forces naturelles produisant, à force d'habileté, un résultat extraordinaire?

MOI.

Si l'examen profond de toute cette affaire ne mène pas à une conclusion aussi extrême que celle d'un miracle, vous avouerez du moins qu'il confond complètement notre intelligence.

LE PRINCE.

C'est un point que je serais tenté de vous disputer encore. Que répondriez-vous, mon cher comte, si on vous disait que les gens et les machines de l'Arménien ont pu fonctionner non-seulement pendant cette demi-heure, qui vous intrigue si fort, non-seulement à la hâte et à l'improviste, mais tout à l'aise et à loisir pendant la soirée entière et la moitié de la nuit? Songez que le Sicilien a eu, à lui seul, près de trois heures pour ses préparatifs!

MOI.

Le Sicilien, mon prince, et non pas le Russe.

LE PRINCE.

Eh! prouvez-moi donc que le Sicilien n'a pas pris autant de part à la seconde apparition qu'à la première?

MOI.

Ah! monseigneur!

LE PRINCE.

Prouvez-moi qu'il n'était pas le premier compère de l'Arménien, et que tous deux n'avaient point la tête dans le même bonnet.

MOI.

Cette intelligence serait difficile à démontrer.

LE PRINCE.

Pas si difficile que vous l'imaginez, mon cher comte ! Prenez l'hypothèse contraire. Le hasard aurait donc amené ces deux hommes dans le même lieu, à la même heure, avec le même projet sur la même personne ! Le hasard aurait établi de tels rapports entre leurs manœuvres respectives que l'un n'eût paru agir que pour l'autre ! Non. Il est plus simple de supposer que les apparitions du premier, comme celles du second, résultaient du même plan et avaient un seul mot d'ordre ; que l'Arménien a mis en avant une jonglerie commune et grossière pour servir de préparation à une imposture mieux combinée; en un mot, qu'il s'est créé un Hector afin d'en être l'Achille. N'est-il pas naturel qu'il ait envoyé son complice à la découverte des chemins qui mènent à ma confiance ; qu'il ait voulu s'assurer jusqu'à quel point je serais crédule, et se familiariser avec le sujet de ses expériences par un premier essai qui pouvait échouer sans déranger son plan ultérieur? N'avait-il point pour but de fixer mon attention sur un point indifférent pour la détourner d'un point dangereux? Ne pouvait-il faire du jongleur Sicilien l'instrument secret de ses fourberies, si elles réussissaient, et la victime publique, si elles ne réussissaient pas : de façon à courir lui-même les chances de succès, sans être exposé aux risques de la défaite?

MOI.

Comment l'entendez-vous?

LE PRINCE.

Il suffisait à l'Arménien de corrompre un de nos gens pour avoir des renseignements, peut-être même des papiers, propres à le mener clairement à son but? J'ai perdu un de mes chasseurs; qui m'empêche d'attribuer à l'Arménien la disparition de cet homme? Un jour viendra, j'espère, où cette intrigue se débrouillera. Il n'est pas impossible de surprendre une lettre, de faire parler des valets. Du moment que j'aurai découvert la source où mon ennemi puise tout ce qu'il sait sur moi, il sera perdu au premier mot, au moindre geste. En attendant, il sacrifie ce misérable jongleur, sur lequel il veut faire tomber toutes mes plaintes. Il a eu grand soin de me prévenir de son existence et de ses projets sur moi. Cette précaution prise, il compte, quelque découverte que je fasse, que mes soupçons porteront exclusivement sur son bouc émissaire. C'est une chose convenue entre eux deux. Dans tout ce qui sera tenté à mon égard, le Sicilien fournira son nom et l'Arménien son habileté. En un mot, le Sicilien est la poupée avec laquelle l'Arménien me fait jouer, pendant que lui-même m'enlace de filets d'autant plus inévitables qu'ils sont invisibles.

MOI.

Fort bien ; mais comment concilier, chez cet homme, avec le projet de vous tromper, l'empressement qu'il met à vous dévoiler la moitié de sa tromperie, et la facilité avec laquelle il entr'ouvre aux yeux profanes le sanctuaire de son art?

LE PRINCE.

Eh! quels sont je vous prie, les secrets qu'il me livre? il ne hasarde aucun de ceux dont il peut se servir contre moi ; il ne perd donc rien par cette feinte indiscrétion. Combien ne gagnerait-il pas, au contraire, s'il réussissait à endormir mes défiances dans ce prétendu triomphe qu'il me fait remporter sur une fictive imposture, et s'il venait à bout de détourner ma vigilance des points où elle était efficace et redoutable, pour la fixer sur ceux où elle ne rencontrera que des leurres insignifiants. Car enfin, il a présumé que tôt ou tard, soit de mon propre mouvement, soit à l'instigation de mes amis, je chercherais dans la magie le mot des énigmes dont il m'environne. Qu'avait-il de mieux à faire que de mettre ces énigmes sur le compte d'un autre, et de m'établir juge, pour ainsi dire, en me faisant tourner le dos à la vérité. Combien de conjectures et d'objections ne prévenait-il pas par ce stratagème, si je m'y laissais prendre !

MOI.

Mais vous ne vous y laissez pas prendre. Il aurait donc au fond travaillé contre lui-même ; il aurait attiré les regards qu'il croyait éviter ; et, en désenchantant sur un résultat de sa science, il aurait ôté toute foi à sa science elle-même. C'est un fait dont je ne le crois pas capable ; et vous êtes vous-même ici, monseigneur, la meilleure réfutation du plan que vous lui supposez.

LE PRINCE.

Il a pu se tromper sur mon compte sans avoir pour cela raisonné plus mal. Il ne pouvait prévoir que, de tout ce qui serait fait et dit devant moi, ma mémoire retiendrait précisément les détails les plus propres à expliquer l'ensemble. Peut-être ne se doutait-il pas non plus que le Sicilien s'avancerait autant qu'il l'a fait. Car rien ne vous prouve que ce dernier n'a pas outre-passé ses pouvoirs. Cela me semble même évident, quant à l'épisode de l'anneau. Or, il est positif que c'est là la seule circonstance qui m'a rendu ses aveux suspects. Mais comment les instructions d'un homme aussi délié que l'Arménien ne seraient-elles pas dénaturées en passant par la bouche d'un si indigne interprète? Il n'entrait point sans doute dans le plan du premier que le second s'avisât de proclamer, d'un ton de charlatan, sa misérable gloire, et qu'il se donnât de l'importance en révélant des secrets que l'esprit le plus simple pourrait deviner avec un peu de réflexion. Par exemple, de quel front, ce jongleur ose-t-il nous affirmer que tout commerce avec les vivants cesse au coup de minuit, pour son faiseur de miracles, quand la veille, à cette heure même, nous l'avons vu au milieu de nous, pareil à nous tous?

MOI.

En effet! Il faut que la mémoire ait manqué au Sicilien,

LE PRINCE.

C'est le caractère des gens de son espèce de pousser trop loin leur audace, et de tout gâter en forçant tout, tandis qu'en mesurant habilement leur fourberie, ils feraient de véritables merveilles.

MOI.

Je suis fortement ébranlé, monseigneur; et cependant je ne puis me résoudre encore à ne voir dans les événements d'hier que la farce concertée de deux jongleurs. Cette terreur du Sicilien, que j'ai encore devant les yeux, ses convulsions, son évanouissement, l'état pitoyable où nous n'avons pu le voir sans une émotion réelle et profonde, tout cela ne serait qu'une comédie montée d'avance, qu'un rôle appris froidement! Voilà qui est incroyable, et à quelque degré que puisse s'élever l'art du meilleur acteur, il ne peut aller jusqu'à enchaîner les organes de la vie !

LE PRINCE.

Oh ! pour cela, mon cher ami, je ne connais rien d'impossible ; j'ai vu Garrick dans Richard III ! Mais réfléchissez encore à la situation morale où nous étions pendant cette scène. Avions-nous assez de sang-froid pour la suivre avec impartialité ? Et, quand le sang-froid ne nous aurait pas manqué, le temps nous eût-il suffi ? Comment juger l'émotion d'un homme lorsqu'on n'est pas moins ému que lui-même ? D'ailleurs, pour celui qui monte une jonglerie, comme pour celui qui vise à un succès plus sérieux, il est un moment décisif où toutes les forces tendues vers le même point doivent produire des phénomènes d'autant plus extraordinaires, qu'ils sont exagérés encore par la surprise des spectateurs qui en deviennent dupes. Et puis, nous ne devons pas oublier l'apparition des sbires; sensation réelle qui n'a pas laissé que d'ajouter beaucoup d'effet aux sensations factices du jongleur.

MOI.

A propos de cette apparition, puisque vous me la rappelez, monseigneur, si l'Arménien ne la prévoyait pas, comment avait-il pu dérober jusqu'alors à la justice une telle machination? S'il la prévoyait, comment a-t-il osé mettre à une pareille épreuve la fidélité de son compère? Et, dans ce dernier cas, même, à quoi bon cette épreuve?

LE PRINCE.

Mon Dieu! croyez donc qu'il connaît parfaitement les gens qu'il emploie. Savez-vous si quelque crime secret ne lui garantit point le silence de son complice? On vous a dit quelle charge il remplit à Venise... Ne peut-il pas faire tout ce qui lui plaira pour ou contre un pauvre diable qui n'a d'autre accusateur que lui ?

(Au fait, cette conjecture du prince ne tarda pas à être confirmée : quelques jours après, quand nous demandâmes des nouvelles du prisonnier de Saint-Marc, on nous apprit qu'il avait disparu).

LE PRINCE.

Enfin, vous dites : à quoi bon cette épreuve ? Mais ne fallait-il pas un moyen de cette violence pour arracher au jongleur des aveux aussi humiliants, aussi difficiles à obtenir que ceux qu'il a dû faire sur sa prétendue science ? Ne fallait-il pas le réduire à n'avoir plus rien à perdre, pour le décider à faire, sur son propre compte, des confidences telles que celles qu'il a faites ? Et puis aurions-nous ajouté foi à ses paroles dans toute autre circonstance que celle où nous l'avons interrogé ?

MOI.

Monseigneur, je vous accorde tout ce que nous venons de débattre. Le Sicilien n'a fait que nous débiter la leçon de son maître. Tous deux étaient d'accord pour quelque but, quelque projet inconnu, et leur intelligence explique les évènements étranges qui nous ont menés hier de surprise en surprise; mais, après tous ces mystères, un mystère nous reste encore à comprendre ; c'est celui qui a donné le signal aux autres : la prédiction faite par l'Arménien sur la place Saint-Marc ! Voilà un prodige tel, que, si nous n'en trouvons pas la clef, celle de tous les autres nous devient inutile.

LE PRINCE.

Mon cher comte, ne vous tourmentez donc plus l'esprit pour aucun de ces prodiges ! Demandez-vous ce qu'ils peuvent prouver lorsqu'on y a découvert de la fourberie. J'avoue cependant que la prédiction de la place Saint-Marc met ma sagacité en défaut; et je ne sais où ce fait aurait pu me conduire sans les aventures qui l'ont suivi. Mais en si mauvaise compagnie, ce miracle me devient suspect comme le reste. Le temps l'éclaircira ou ne l'éclaircira pas. En attendant, croyez-moi, mon ami (il me dit cela solennellement, en mettant sa main dans la mienne), l'homme qui posséderait une puissance surnaturelle ne se servirait point de tours de passe-passe; il les mépriserait!

Ainsi se termina mon entretien avec le prince. Je l'ai rapporté ici tout entier, parce qu'il prouve combien il était difficile d'égarer l'esprit d'un tel homme, et combien est peu fondé le reproche qu'on lui a fait de s'être jeté aveuglément dans les filets qu'une main diabolique avait tendus sous ses pas.

Je doute fort que la même épreuve eût été supportée avec autant de force par ceux qui, au moment que j'écris ceci, se permettent peut-être de sourire de sa faiblesse, et, fiers d'une raison qui n'a eu encore aucune lutte à soutenir, s'arrogent le droit de lui briser sur la tête la baguette de condamnation. Si cependant, après cette première victoire, on le voit succomber, si ses ennemis triomphent, à la fin, dans la conspiration contre laquelle son excellent esprit l'avait mis en garde, ce n'est pas à son imprudence qu'il faut s'en prendre, mais bien à la malveillance profonde qui a su donner le vertige à une si forte tête.

Aucun intérêt humain n'influe sur le témoignage que je rends ici ; celui qui eut pu m'en savoir gré n'est plus de ce monde ! Il a accompli sa funeste destinée. Depuis longtemps son ame est allée chercher la lumière éternelle aux pieds du trône de la vérité, où la mienne aura comparu à son tour, lorsque cet écrit sera livré au public.

Que l'on me pardonne seulement les larmes qui tombent, malgré moi, de mes yeux, au souvenir du plus cher de mes amis, et que l'on me permette de lui rendre la justice qui lui est due, en affirmant qu'il était homme de cœur, et fait pour honorer légitimement le trône où il se laissa pousser par un crime. Mais reprenons le récit de ses aventures.

LIVRE DEUXIÈME.

I.

Peu de temps après ces événements, je commençai à remarquer un grave changement dans l'humeur du prince. Ce changement provenait, en partie, de sa dernière aventure, et, en partie, d'un concours de circonstances qu'il est important de faire comprendre au lecteur.

Depuis que je connaissais le prince, je l'avais toujours vu éviter avec soin d'afficher aucune croyance religieuse. Après avoir reçu, sous ce rapport, une instruction toute superficielle et toute routinière, il s'était contenté d'agrandir ses premières idées avec celles qui lui étaient venues ensuite, ou même de mêler les unes et les autres, sans s'occuper beaucoup de remonter aux principes. Il m'a souvent avoué que les questions de religion lui semblaient des châteaux féeriques où l'on ne pouvait pénétrer sans effroi. Et il ajoutait que le parti le plus sage était de passer devant ces châteaux avec un profond respect, de peur, si on y mettait le pied, de se perdre dans leurs séduisants dédales.

Cette disposition d'esprit était le fruit d'une éducation dévote et timorée à l'excès. Dès le commencement, on avait imprimé au faible cerveau du prince un ébranlement de terreur qui se prolongea dans sa vie entière. Une sorte de mélancolie religieuse était héréditaire dans sa maison. Toute l'instruction qu'il reçut en fut comme imprégnée, et les maîtres même qu'on chargea de lui donner cette instruction furent choisis au point de vue étroit et sévère de la famille. De sorte qu'il passa successivement par les mains d'hommes exaltés et hypocrites, ayant pour toute mission de le former à l'image de ses parents, en étouffant sa vivacité enfantine sous une contrainte abrutissante.

Aussi, sa jeunesse entière fut sombre et superstitieuse. Il ignorait la joie jusque dans ses jeux. Toutes les idées qu'il se formait de la religion avaient quelque chose de terrible. Le côté rigoureux du culte avait seul frappé son imagination. Il ne se figurait point Dieu autrement que sous la forme d'un maître toujours prêt à commander, d'un juge toujours prêt à punir. Sa piété était un tremblement aveugle et perpétuel ; sa force et son énergie se consumaient dans une apathique résignation.

Quand il fut grand, la religion mit un frein d'acier à toutes les fantaiseis de son adolescence, réprima tous les élans de sa florissante organisation, et condamna tous les amours de son jeune cœur. Habitué dès-lors à voir en elle un obstacle et non pas un encouragement, il laissa se développer insensiblement dans son âme une sorte d'indignation qui, en se combinant avec sa soumission extérieure, lui composa une religion du plus singulier mélange de la foi et de la crainte, du respect et de la révolte. Il rejimbait et tremblait alternativement dans ses chaînes.

Est-il extraordinaire, après cela, qu'il ait saisi la première occasion de secouer un joug dont le poids l'accablait? Heureusement, ou malheureusement, il s'émancipa à la façon de l'esclave qui ne peut perdre, dans la liberté même, le sentiment de la servitude. Comme ce ne fut pas par réflexion qu'il s'écarta de la foi de ses pères, comme il n'attendit pas que la raison vînt l'affranchir de la superstition, comme il s'échappa semblable au fuyard sur lequel le maître conserve des droits, quelque longs et fréquents que fussent ses écarts pendant la première époque de sa vie, il revint toujours plus ou moins docile. Mais à force de s'enfuir avec sa chaîne, il devait tôt ou tard rencontrer un imposteur qui remarquerait ses inquiétudes et saurait s'en servir pour s'emparer de lui. C'est ce qui arriva, comme on l'a déjà présumé peut-être, et comme on va le voir dans la suite de ce récit.

L'esprit du prince fut beaucoup plus frappé des aveux du Sicilien que de l'aventure même qui y avait donné lieu. La victoire que sa raison venait de remporter sur cette méchante jonglerie, augmenta considérablement sa confiance en ses propres lumières, et il fut aussi surpris que flatté de la facilité avec laquelle il avait déjoué la fourberie de l'Arménien.

Malheureusement, il ne savait point assez distinguer la vérité de l'erreur, pour ne pas confondre souvent les principes de l'une avec le sources de l'autre. Tout l'édifice de sa croyance fut ébranlé du même coup qui renversait une de ses illusions, car il avait espéré trouver un prodige là où il n'avait découvert qu'un tour de gobelet. Il lui arriva donc, en cette occasion, ce qui arrive à un homme de cœur trompé en amitié ou en amour pour avoir fait un mauvais choix, et qui, prenant l'apparence pour la réalité, conclut que l'amour et l'amitié ne sont que des mots sonores. Une imposture démasquée lui rendit la vérité même suspecte, parce qu'il se figurait mal les signes auxquels la vérité se fait connaître.

Cette espèce de triomphe le rendit d'autant plus heureux et fier, que les perplexités dont il le délivrait avaient été plus profondes et plus douloureuses. Dès ce moment, son esprit fut gardé par un scepticisme qui en ferma l'entrée aux doctrines les plus respectables.

Cette disposition fut encore développée en lui par plusieurs circonstances fatales. Son incognito étant levé, sa conduite régulière et paisible fit place à une vie de plaisir et de dissipation. Les honneurs qu'il lui fallut recevoir de tous ceux qui connurent sa condition, la représentation dont il se crut comptable à son rang, l'entraînèrent insensiblement dans le tourbillon du grand monde. Son mérite, non moins que son nom, lui ouvrit les cercles de Venise les plus distingués. Il ne tarda pas à se trouver en rapports familiers avec les plus éminents personnages de la République dans tous les genres.

Ce fut alors qu'il crut devoir élargir le cercle étroit et uniforme dans lequel jusque-là avait tourné son esprit. Il sentit combien ses idées étaient pauvres et incomplètes, et il résolut d'enrichir et d'élever son intelligence par une éducation nouvelle, établie sur de grandes bases. Ses jugements gardaient encore de sa première instruction une allure classique et routinière, qui contrastait malheureusement avec la vivacité audacieuse des opinions de cette époque; et son ignorance des choses les plus connues l'exposait au ridicule; or, le ridicule était ce qu'il redoutait le plus au monde. Son pays faisait encore peser sur lui une prévention fâcheuse, à laquelle il se fit une loi de donner un démenti formel.

De toutes ces résolutions, il résulta dans le caractère du prince une singularité qui me frappa d'abord. Le plus profond hommage lui déplaisait, pour peu qu'il eût l'air de s'adresser à son rang, et non à sa personne. Il lui arrivait souvent d'être recherché et honoré devant des hommes de l'esprit le plus remarquable et dont le mérite surpassait encore la naissance ; si, dans une société pareille, il avait le malheur de se voir mettre à part et traiter en prince, c'était pour lui la plus cruelle humiliation. Il croyait que son nom l'excluait de toute concurrence ; et il eût préféré les rivaux les plus fiers aux plus profonds adorateurs.

Donc, pour donner à son intelligence la forme et le développement qu'il avait négligés jusqu'alors, pour réparer le temps qu'il avait perdu dans l'inaction, pendant que le monde pensant avait fait tant de progrès, il se livra à la lecture des ouvrages les plus modernes, avec cette application qu'il mettait aux moindres entreprises. Mais la main qui tira pour lui dans cette loterie de livres de toute sorte, ne tomba point sur ceux qui pouvaient donner les meilleurs aliments à son esprit et à son cœur. Et puis, dans cette circonstance encore, il céda au penchant favori qui l'entraînait avec un charme irrésistible vers tout ce qu'il ne pouvait comprendre. Ses plus belles facultés s'épuisèrent sur des systèmes extravagants. Pendant que les tablettes de son cerveau se chargeaient d'hiéroglyphes, sa tête demeura réellement vide. Le style obscur de celui-ci fatiguait son imagination, pendant que les divagations spirituelles de celui-là exerçaient son jugement sur des riens; et tous s'emparèrent sans résistance d'un esprit prêt à se confier à quiconque l'abordait hardiment; si bien qu'au bout d'un an de lectures assidues, au lieu de se trouver plein d'idées salutaires et nourrissantes, il se trouva farci de mystères et de doutes. Et, comme ces doutes n'étaient que la conséquence fatale de son caractère, ils descendirent promptement de sa tête à son cœur. En un mot, après être entré dans le labyrinthe des doctrines, néophite exalté et disposé à tout croire, il en sortit esprit fort et douteur universel.

II.

Parmi les cercles dans lesquels on attira le prince, il y avait une société secrète qui avait pris pour nom *Le Bucentaure*. Là, sous le voile d'une noble liberté d'esprit, se cachait la licence la plus effrénée des opinions et des mœurs.

Le prince se laissa d'autant plus facilement introduire dans cette société, qu'elle comptait au nombre de ses membres beaucoup d'ecclésiastiques, et que les noms de plusieurs cardinaux figuraient en tête de la liste.

— Il est, se dit-il, certaines vérités dangereuses qu'on ne trouve nulle part plus sûrement que dans le commerce des personnes éminentes, que leur état oblige à la modération et met à même de juger le pour et le contre dans les choses de la vie.

Il oubliait, en raisonnant ainsi, que lorsque le libertinage de l'esprit et des mœurs se joint à la science et au pouvoir chez les personnes dont il parlait, leurs égarements vont d'autant plus loin qu'ils rencontrent moins d'obstacles. Et voilà précisément ce qui était arrivé dans le *Bucentaure*, dont les principaux membres déshonoraient, non-seulement leur condition sacrée, mais l'humanité même, par des principes détestables et une conduite qui en était la digne conséquence. Il y avait dans la société beaucoup de degrés, dont quelques-uns étaient secrets dans la société même; et je veux croire, pour l'honneur du prince, qu'il ne mérita jamais d'arriver jusqu'au sanctuaire de ce temple de corruption.

Quiconque entrait au *Bucentaure* s'engageait, pour tout le temps qu'il en ferait partie, à renoncer à sa religion, à son pays, à son rang, en un mot, à toutes les distinctions de convention, et à professer une égalité universelle. L'initiation était difficile, attendu qu'on ne reconnaissait pas d'autres titres que ceux de l'esprit. Du reste, la société se piquait d'une politesse et d'un goût irréprochables; et telle était sa réputation dans Venise.

Ce fut cette réputation, jointe à l'assurance de l'égalité dont jai parlé, qui décida le prince à se faire recevoir au *Bucentaure*.

Pendant quelque temps, le danger lui fut entièrement caché sous les conversations fortes ou spirituelles et les discussions animées de tout ce monde choisi de savants, de prêtres, de politiques, de seigneurs, réunis là comme dans leur centre naturel. Peu-à-peu, soit qu'il écoutât et comprît mieux ce qu'il entendait, soit qu'on cessât de se gêner en sa présence, l'esprit de la société lui apparut à travers le masque brillant qui la couvrait. Mais déjà la retraite eût été dangereuse, et le soin de sa sûreté, aussi bien que la fausse honte, le forcèrent, non-seulement de demeurer, mais de dissimuler son mécontentement. Bientôt, sa familiarité de chaque jour avec ses nouvelles connaissances, son funeste penchant à partager leurs sentiments et leurs opinions, l'entraînèrent, sinon encore à suivre ouvertement leurs exemples, du moins à capituler en secret avec cette noble et fière pudeur qui formait le fond de son caractère, et le maintenait sur la ligne délicate dont il ne s'était jamais écarté jusqu'alors. Pour que sa raison, soutenue de si peu de notions positives, pût se dégager des sophismes embrouillés dont on l'enlaçait, il lui aurait fallu des secours étrangers, qui lui manquaient complètement. Livré sans défense à la philosophie dévorante du *Bucentaure*, ce mordant rapide eut bientôt, sans qu'il s'en doutât, entamé les plus fortes bases de sa moralité. Et, après s'être cuirassé en vain, contre les objections de ses confrères, des idées qui étaient la garantie naturelle de son bonheur, il les rejeta comme un fardeau inutile, et s'en tint aux solutions les plus arbitraires qui lui furent présentées dans toutes les questions.

Si un ami était accouru à son aide, peut-être eût-il réussi à le tirer de cet abîme, avant qu'il s'y enfonçât tout-à-fait. Mais je sus trop tard la vérité sur le *Bucentaure*, et une nécessité impérieuse me fit quitter Venise vers cette époque. Lord Seymour, cette précieuse connaissance du prince, cet homme froid et inaccessible à toute tromperie, qui aurait pu, à mon défaut, lui servir de rempart, partit pour son pays presqu'en même temps que moi.

Les hommes à qui je laissai le prince étaient assurément gens d'honneur. Mais ils avaient aussi peu d'expérience de la vie que de véritable connaissance de leur religion. Enfin, ils n'avaient aucun crédit auprès du prince, dont ils étaient d'ailleurs incapables, non-seulement de sonder, mais même de deviner la plaie secrète. Tout ce qu'ils savaient opposer aux raisonnements captieux qu'il lui arrivait de faire en leur présence, c'était le *veto* décisif d'une croyance aveugle et sans examen; ce qui ne faisait que l'irriter ou le divertir. La supériorité de son esprit réduisit donc sans peine au silence (comme on le verra plus tard) ces mauvais défenseurs de la bonne cause. Et cette défaite retomba, à ses yeux, sur la cause même.

Quant aux autres personnes qui gagnèrent sa confiance, leur intérêt était de le pousser le plus loin possible sur la fausse route qui le menait à leur but. Aussi, lorsqu'au bout d'un an je revins à Venise, quel changement, grand Dieu! je trouvai dans mon cher prince!

L'influence des doctrines qu'il venait d'embrasser se fit bientôt sentir dans la conduite de sa vie. A mesure qu'il se répandit dans Venise, il remplaça ses anciennes relations par des relations nouvelles, qu'il multiplia à l'infini. De jour en jour, il se plut moins avec moi. Nous finîmes par ne plus nous voir que rarement, et je dus renoncer à jouir de son commerce.

Le monde l'absorbait tout entier. Sa porte n'était plus libre pour personne. Les parties de plaisir, les fêtes, les rendez-vous se succédaient sans interruption. Il était l'idole de tous les salons, et il n'y avait pas de femme qui fut assiégée avec plus d'empressement. Ce genre de vie l'étonnait lui-même. Autant le monde lui avait semblé autrefois importun et insupportable, dans le calme de sa vie retirée, autant il en trouvait maintenant le joug facile et agréable. Il est vrai que tout lui réussissait auprès des plus sévères. Le moindre mot qui sortait de sa bouche était un oracle; et s'il lui arrivait de se taire, c'était un vol qu'il faisait à la société.

Ce bonheur continuel, ces hommages universels, rendirent ses idées plus absolues que jamais, en lui donnant autant de confiance en lui-même qu'il avait eu de défiance autrefois. La haute opinion qu'il conçut de son propre mérite lui fit prendre au pied de la lettre les éloges exagérés, pour ne pas dire idolâtres, qu'on prodiguait à son esprit, et dont il se fut souverainement méfié, pour peu que son amour-propre se fut contenu dans des bornes raisonnables.

Si, au milieu du tourbillon qui l'emportait, on lui eût donné le temps de respirer et de réfléchir, les amorces qu'on lui jetait étaient trop grossières pour qu'il n'en eût point aperçu l'hameçon ; mais on se gardait bien de lui laisser le moindre moment de repos et de loisir, qui pût lui permettre de se comparer avec sang-froid à l'image flattée qu'on lui offrait partout de lui-même, comme en un miroir magique. On faisait de sa vie un enivrement continuel.

Plus, du reste, on l'avait élevé, plus il avait à faire pour se maintenir à sa hauteur factice. Ses efforts, à ce sujet, tenaient son esprit dans une tension de chaque minute, qui l'épuisait lentement. Il ne dormait plus, ou il dormait mal. Hélas ! on avait pénétré jusqu'au fond de son âme, et on avait choisi fort habilement parmi ses passions endormies celles qu'il fallait exciter de préférence!

Bientôt les gentilshommes de sa suite eurent à reconnaître qu'il était devenu un génie. Les croyances sacrées auxquelles il avait été attaché le plus fortement furent le sujet habituel de ses railleries. Il se vengea sur la religion de la contrainte où elle l'avait tenu. La voix de son cœur combattait en vain les sophismes qui tourbillonnaient dans sa tête. Cette lutte ne faisait qu'ajouter à son humeur plus d'aigreur et plus d'amertume; si bien que son caractère s'altéra profondément, que sa volonté se métamorphosa en caprices, et que sa plus belle vertu, la modestie, quitta tout-à-fait son cœur, empoisonné par l'adulation. La douceur de sa conversation intime, qui avait toujours fait oublier aux gens de sa maison qu'il était leur maître, fit place à un ton décisif et hautain, d'autant plus cruel pour ses inférieurs, qu'il ne se fondait pas sur une inégalité de naissance, dont on se console après tout assez facilement, et dont lui-même, d'ailleurs, se souciait fort peu, mais sur la conviction blessante de sa supériorité d'esprit.

Comme les pensées sévères qui ne pouvaient l'aborder dans le monde l'assaillaient souvent chez lui, il apportait dans son intérieur autant de tristesse et de mécontentement qu'il avait déployé de verve et de gaîté, réelle ou fausse, dans les cercles d'où il revenait.

C'était avec une compassion sincère que nous le voyions tous les jours s'éloigner davantage de nous sur ce chemin funeste; mais, dans le tumulte d'idées et de sentiments où il était lancé, il n'écoutait plus la faible voix de l'amitié, qu'il était encore trop heureux pour entendre.

Cependant, je me vis obligé de quitter Venise pour me rendre à la cour de mon souverain, où m'appelait une affaire d'honneur à laquelle je dus sacrifier les intérêts les plus chers de l'amitié. Un ennemi invisible, que je n'ai connu que longtemps après, avait trouvé moyen de semer sur mon compte des bruits si injurieux, que je n'avais pas une minute à perdre pour aller les démentir en personne.

Ma séparation d'avec le prince me coûta autant qu'elle lui coûta peu. Depuis plusieurs mois déjà, les liens qui étaient encore sacrés pour moi lui étaient devenus indifférents. Mais son sort m'intéressait ou plutôt m'inquiétait trop, pour que je renonçasse, en le quittant, aux anciens droits de mon affection. Je fis jurer au baron de F..., qui restait à Venise, de me tenir, par une correspondance active, au courant des événements, dont il a rédigé en effet avec scrupule le journal complet et détaillé.

De ce moment, je ne suis donc plus le témoin oculaire des aventures du prince, et je vais mettre à ma place le baron de F..., en extrayant de ses lettres tout ce qui peut compléter mon récit.

Quoique le baron ne présente pas toujours les choses sous le même point de vue que moi, je ne changerai rien à ses expressions, afin que le lecteur y démêle plus facilement la vérité des faits.

III.

Le baron de F... au comte d'O...

Première lettre.

mai, 17..

Je vous remercie, très-honorable ami, de m'avoir permis de continuer avec vous, malgré notre séparation, les relations qui faisaient mon plus grand bonheur pendant votre séjour auprès de nous. Ici, vous le savez, je n'ai plus d'ami à qui je puisse parler librement de certaines choses ; et, quoique vous puissiez me dire à ce sujet, tous ces Vénitiens me sont odieux, sans exception.

Depuis qu'ils nous ont enlevé le prince, et que vous nous avez été enlevé vous-même, je suis dans cette grande ville comme au milieu d'un désert. Z... prend son parti plus philosophiquement, et il oublie, près des belles dames de Venise, les chagrins domestiques qu'il est forcé de partager avec moi. D'ailleurs, pourquoi se ferait-il de la peine? Le prince n'est pas autre chose pour lui qu'un maître qu'il trouve ou suit en tous lieux ; tandis que moi!... Vous savez quelle part je prends au bien et au mal qui arrive à notre prince, et combien de raisons j'ai de l'aimer de toute

mon âme. Depuis seize ans je suis attaché
à sa personne, je lui appartiens, je n'existe
que pour lui. J'avais neuf ans à peine lorsque j'entrai dans sa maison, et depuis cette
époque, rien n'a pu me séparer de lui. J'ai
grandi sous ses yeux. L'habitude m'a façonné à son service ; j'ai partagé avec lui
ses grandes et ses petites aventures : son
bonheur est ma vie.

Jusqu'à cette année fatale, il a été pour
moi un ami, un frère. J'ai vécu dans sa
maison comme dans une terre promise,
sous un ciel sans hiver et sans nuage ;... et
il faut que tant de bonheur vienne se perdre
dans cette maudite Venise !

Depuis votre départ, tout est changé
autour de nous. Le prince de D... est arrivé
la semaine dernière. Sa suite est considérable, et sa présence donne une nouvelle
impulsion à nos plaisirs. Notre prince étant
son parent, et jusqu'à ce jour son ami, ils

ne se sépareront pas, tant que leur séjour ici sera commun. Et j'entends dire que le prince de D… ne partira pas avant les fêtes de l'Ascension.

Les choses vont bien jusqu'ici. Voilà dix jours que le prince n'a eu le temps de respirer. Le nouveau venu monte sa maison sur un pied formidable. Les dépenses ne lui coûtent rien, comme à un homme qui repartira bientôt. Mais, pour nous, c'est autre chose. Malheureusement, notre prince s'est laissé entraîner à une émulation ruineuse. Peut-être ne pouvait-il faire autrement, et peut-être aussi, à cause des relations particulières qui unissent sa famille à celle du prince de D…, devait-il ne pas rester en arrière de celui-ci. Ce qu'il y a de sûr, c'est qu'au train dont vont nos affaires, le seul moyen qui nous restera dans quelques semaines de cesser une concurrence impossible, sera de nous éloigner de Venise.

On assure que le prince de D... est ici pour les affaires de l'ordre..... Le fait est que, s'il n'est pas chargé d'une mission importante, il s'en donne du moins les airs. Aussi, vous vous figurez sans peine l'empressement avec lequel les nouveaux amis de notre prince l'ont accueilli. Il a été triomphalement introduit au *Bucentaure*; et il est si fier de s'y voir traiter en esprit fort et en tête pensante, que, dans ses correspondances, qui embrassent l'univers entier, il ne se désigne plus autrement que par le titre de *Prince philosophe*. Je ne sais si vous avez jamais eu l'honneur de le rencontrer. Voici le personnage en quelques traits : une physionomie qui promet merveilles, des yeux pénétrants et attentifs, l'air d'un savant consommé, une grande parade d'érudition, une nature enfin qui annonce (passez-moi le mot) beaucoup d'acquit, et un dédain d'empereur pour le genre humain. Ajoutez à cela une confiance énorme en lui-même, et une éloquence imperturbable pour la faire partager aux autres ; le moyen de ne pas tomber à genoux devant de telles qualités dans une altesse royale? Nous verrons quelle figure feront ces étourdissantes perfections auprès du mérite solide et silencieux de notre prince.

Un changement considérable vient de s'opérer dans notre intérieur. Nous avons quitté l'hôtel du *Maure*, où le prince se trouvait à l'étroit, et nous nous sommes installés dans une magnifique maison, située près de la nouvelle Procuratie. Notre suite s'est grossie de douze personnes : pages, maures, piqueurs, etc., etc. Tout est chez nous dans le plus grand genre. Quand vous étiez ici, vous vous plaigniez de la dépense ; maintenant que diriez-vous !

Notre vie intérieure est la même qu'avant votre départ, à cela près que le prince, n'étant plus contenu par votre présence, est devenu avec nous plus froid encore peut-être et plus monosyllabique. Du reste, nous ne le voyons guère qu'au moment de son lever et de son coucher. Il nous écarte de la plupart de ses cercles, sous prétexte que nous parlons mal l'italien et plus mal encore le français. Quant à moi, cela me serait égal; mais je crois deviner le motif du prince. Il rougit de nous; et voilà ce qui m'afflige, car nous n'avons point mérité cette injure.

La plupart de ses gens lui sont devenus inutiles depuis qu'il a mis sa confiance en ce Biondello, entré à son service après la disparition de ce chasseur que vous savez. Cet homme est devenu son factotum dans son nouveau genre de vie. Le fait est que rien n'est impossible à Biondello, attendu que rien ne lui est inconnu. Il semble avoir sans cesse à sa discrétion les yeux d'Argus et les mains de Briarée. Il assure qu'on peut venir à bout de tout à Venise, au moyen des gondoliers. Mais ce qui séduit particulièrement le prince, c'est que ce valet sans pareil lui fait connaître d'avance toutes les personnes qui lui sont présentées dans le monde; et jusqu'ici ses renseignements ont toujours été d'une justesse et d'une précision admirable. Entre autres avantages, il a encore celui de parler et d'écrire parfaitement le français et l'italien; de sorte qu'il a souvent l'honneur de servir de secrétaire au prince.

En voilà bien long sur ce Biondello; il faut pourtant que je vous raconte encore de lui un trait de fidélité et de désintéressement, que vous trouverez extraordinaire pour un homme de cette condition.

Il y a peu de temps, un riche marchand de Kimini demanda à parler au prince. Biondello s'y opposa de toutes ses forces, et vous ne devineriez jamais pourquoi. Le procurateur, son dernier maître, homme d'un caractère bizarre et difficile, avait vécu avec tous ses parents dans une inimitié irréconciliable, dont il avait voulu, autant que possible, prolonger l'effet jusqu'après sa mort. S'étant habitué à confier à Biondello tous ses secrets, il lui avait fait jurer, à son lit de mort, de les garder fidèlement, et surtout de ne jamais en faire le moindre usage qui pût tourner à l'avantage de sa famille. Un legs considérable serait le prix de cette discrétion. Lorsqu'on ouvrit le testament et qu'on examina les papiers du défunt, on y trouva une confusion que Biondello seul eût su débrouiller, et des lacunes qui ne pouvaient se remplir sans le secours de ses révélations. On eut donc recours à lui ; mais ce fut vainement ; il soutint obstinément qu'il ne savait rien, et abandonna son legs aux héritiers, plutôt que de révéler le moindre secret de son maître. Des offres considérables lui furent faites par quelques parents ; il refusa tout ; bref, ce fut pour se dérober à des importunités qui commençaient à se changer en menaces, qu'il se fit présenter au prince et entra à son service. Mais cet asile ne put le mettre encore à l'abri de ses acharnés solliciteurs. Et le marchand de Kimini, qui venait parler à notre maître, n'avait pas d'autre intention que de livrer un dernier assaut aux secrets du procurateur, dont il était le principal héritier. Il promit à Biondello, s'il voulait parler, des sommes plus fortes encore que toutes celles qui lui avaient été offertes. Le prince joignit ses instances aux propositions du marchand. Tout fut inutile. Biondello convint qu'à la vérité d'importantes confidences lui avaient été faites ; il avoua même que le défunt avait poussé jusqu'à l'excès sa haine pour ses parents.—Mais enfin, ajouta-t-il, il a été pour moi un maître excellent, un bienfaiteur, et il est mort plein de confiance en ma discrétion, me regardant comme son seul ami sur la terre. Pour rien au monde, je ne tromperai sa dernière espérance.

En parlant ainsi, Biondello laissait entrevoir au prince que, non-seulement son propre honneur, mais encore celui de son maître, pourrait souffrir des révélations qu'on sollicitait de lui.

Je vous le demande, y a-t-il rien de plus délicat, de plus noble qu'une telle conduite ?

Vous concevez que le prince n'a pas insisté longtemps auprès de Biondello pour lui faire rompre un silence qu'il approuvait de toute son âme, et que la fidélité si rare, gardée par celui-ci à son maître mort, lui a valu toute la confiance de son maître vivant.

Adieu, mon ami ; soyez aussi heureux

que nous l'étions par vous dans la vie paisible que nous avons menée ensemble à Venise. Je crains, hélas! que cette vie ne recommence plus pour moi, et je prie le ciel qu'il n'en soit pas de même pour le prince!

Ou je me trompe depuis seize ans sur son caractère, ou l'élément dans lequel il s'est jeté ne peut être celui de son bonheur.

Adieu.

IV.

Le baron de F... au comte d'O...

Deuxième lettre.

Me voici presque réconcilié avec notre séjour à Venise ; je ne croyais pas qu'il put être bon à rien, et il vient de sauver la vie à un homme.

Il y a quelques jours, le prince se faisait reporter du *Bucentaure* à son hôtel. La nuit était fort avancée, et il avait pour toute suite deux domestiques, dont l'un était Biondello. Il arriva, je ne sais comment, que la chaise se brisa au milieu de la route, et que le prince fut obligé de l'achever à pied. Biondello servit de guide, et l'on s'aventura par des rues écartées et obscures. Comme le jour allait poindre, les lanternes éclairaient à peine, ou même étaient tout-à-fait éteintes. Au bout d'un quart d'heure de marche, Biondello s'aperçut qu'il s'était égaré. Trompé par l'aspect uniforme des ponts qu'on rencontre à chaque pas à Venise, au lieu d'arriver à la place Saint-Marc, il s'était fourvoyé dans le *Sestiere del Castello*.

Ce quartier est un des plus déserts de Venise, et, à cette heure, on n'y voyait pas trace de vivant. Pour s'orienter, il fallait absolument retourner sur ses pas et regagner une rue principale. Le prince et ses gens prirent aussitôt ce parti ; mais il n'y avait pas cinq minutes qu'ils s'étaient remis en marche, que, dans une rue voisine, ils entendirent crier au meurtre.

Le prince était sans armes : il s'arrête néanmoins ; il prend une canne aux mains d'un de ses gens, et, avec le courage que vous lui connaissez, il s'élance du côté d'où partaient les cris. Trois vigoureux coquins étaient sur le point de terrasser un homme qui ne faisait plus, avec son compagnon, qu'une faible résistance. Le prince eut le bonheur d'arriver juste à temps pour parer le coup mortel. Ses cris et ceux des domestiques firent perdre la tête aux assassins, qui, craignant sans doute de se voir surpris dans ce lieu suspect, s'enfuirent après avoir porté à leur homme quelques coups mal assurés. Epuisé par les efforts de la lutte et par le sang qu'il perdait, le blessé se laissa tomber dans les bras du prince, et son compagnon annonça qu'on venait de sauver la vie au marquis de Civitella, neveu du cardinal A.....i. Biondello courut où il put chercher un chirurgien, et le prince fit reporter le marquis au palais de son oncle, où il le laissa sans se faire connaître.

Mais il avait été trahi par un domestique du cardinal, qui avait reconnu Biondello, et, dès le lendemain matin, il vit arriver chez lui le cardinal en personne. C'était une de ses connaissances du *Bucentaure*. La visite a duré plus d'une heure. Le cardinal est sorti les larmes aux yeux, et a laissé le prince dans une grande émotion. Le soir même il est allé voir le malade. On espère le guérir. Le manteau dans lequel il était enveloppé a amorti les coups qu'il a reçus.

Depuis cette affaire, il ne se passe pas de jour où il n'y ait quelque visite échangée entre le prince et le cardinal, et une grande intimité commence à s'établir entre eux.

Le cardinal est un vénérable sexagénaire, d'une physionomie imposante, d'un port majestueux, d'une figure pleine de vigueur et de sérénité. Il passe pour un des plus riches prélats de la république ; et on dit que, tout en administrant très sévèrement son immense fortune, il sait en jouir en jeune homme, et ne se refuse aucun des plaisirs du monde. Il n'a point d'autre héritier que son neveu, et ils ne paraissent pas vivre en parfaite intelligence. Bien que les principes du cardinal ne soient pas d'une austérité effrayante, il ne peut cependant approuver la conduite du marquis, laquelle, en effet, pousserait à bout la tolérance du moraliste le plus indulgent. La corruption de ses mœurs est, dit-on, au-dessus de toute idée ; ses opinions ne valent pas mieux ; et tous ces vices sont soutenus des qualités les plus propres à les rendre aimables ; bref, il est la terreur des pères et le fléau des maris.

On nous a confié que sa dernière aventure était la suite d'une intrigue galante avec la femme de l'envoyé de …schen. Il s'était déjà engagé dans plusieurs affaires de ce genre, d'où il ne s'était tiré qu'avec l'argent et le crédit de son oncle.

Ce dernier, sauf ses défauts, est d'ailleurs l'homme le plus envié de l'Italie. Il a tout ce qui peut rendre la vie agréable. Mais ses plus douces jouissances sont empoisonnées par les chagrins que lui cause son neveu et par la crainte continuelle où il vit de ne point laisser d'héritiers.

C'est Biondello qui nous a donné tous ces détails. Cet homme est décidément un vrai trésor pour le prince. Chaque jour le rend plus indispensable et révèle en lui de nouvelles ressources.

L'autre soir, le prince avait la tête si échauffée qu'il ne put s'endormir. Sa lampe de nuit s'était éteinte, et il y avait une heure qu'il sonnait vainement son valet de chambre; le drôle était en bonne fortune chez une fille de l'opéra. Lassé d'attendre, le prince finit par se lever pour aller appeller quelqu'un. Mais il n'a pas fait dix pas hors de sa chambre, qu'une musique délicieuse arrive jusqu'à lui. Il s'avance dans l'ombre, du côté d'où viennent les sons, et il pénètre ainsi dans la chambre de Biondello, qu'il trouve jouant de la flûte au milieu de ses camarades émerveillés. La chose lui semble si surprenante, qu'il n'ose croire ses yeux ni ses oreilles, et prie l'artiste nocturne de recommencer l'*adagio* qu'il vient d'entendre. Biondello obéit, et met dans son exécution une justesse et une élégance qui auraient honoré un virtuose.

— Voilà un talent, affirma le prince, qui

ne serait pas déplacé dans la meilleure chapelle d'Italie.

Or, vous savez qu'il est connaisseur.

— Je ne puis garder cet homme à mon service, me dit-il le lendemain matin ; il m'est impossible de le payer ce qu'il vaut.

Biondello, qui entrait au même instant, entendit ces paroles.

— Monseigneur, s'écria-t-il, si vous me congédiez, je ne trouverai jamais de gages qui vaillent, pour moi, l'honneur d'être attaché à votre personne.

— Tu es fait pour quelque chose de mieux, reprit le prince ; je ne puis me résoudre à entraver ton avenir.

— Que m'importe l'avenir, monseigneur ? je ne veux d'autre bonheur que celui que je me suis choisi.

— Mais un talent pareil ne saurait être négligé, et je me ferais un crime...

— Alors, mon prince, permettez-moi de l'exercer quelquefois pour vous.

La proposition fut acceptée et l'arrangement ne fut pas long. Biondello a été installé dans la chambre la plus voisine de celle de son maître, de façon à l'endormir ou le réveiller, selon qu'il lui plaît, au son de l'instrument chéri du prince. On a eu toutes les peines du monde à lui faire accepter une augmentation de gages, et il n'a cédé aux désirs du prince qu'à la condition de lui laisser en dépôt cette augmentation jusqu'au jour où il en aurait besoin.

Le prince guette toutes les occasions de récompenser cet honnête homme; il remplira le premier désir que Biondello exprimera devant lui, quelqu'en soit l'objet et l'importance.

Adieu, cher ami; je suis impatient de recevoir des nouvelles de K...n.

V.

Le baron de F... au comte d'O...

Troisième lettre.

4 Juin.

Le marquis de Civitella est parfaitement guéri de ses blessures. Il s'est fait présenter ici par son oncle, à la fin de la semaine dernière, et, depuis ce moment, le prince n'a pas d'autre ombre que lui.

Biondello nous avait sans doute exagéré le libertinage de ce jeune homme. Il est impossible d'avoir plus de charme dans la physionomie et dans la parole. Son aspect seul dément la réputation qu'on lui fait, et, pour mon compte, j'avoue qu'il m'a suffi de le voir une fois pour lui donner toute mon estime.

Figurez-vous toutes les grâces et toute la dignité possible réunies dans la même personne, un visage ouvert et prévenant, un front de génie, un air spirituel et sentimental, un son de voix qui pénètre l'âme, une éloquence douce et entraînante, en un mot, tous les avantages que peut donner la nature, développés par l'éducation la plus parfaite, et mis en relief par la jeunesse et la fortune la plus brillante. Le marquis n'a rien de ce dédain superbe, ni de cette raide majesté que nous ne pouvons tolérér dans les autres *nobili*. Il est tout gaîté, bienveillance, dévouement. Encore une fois, les tableaux qu'on fait de ses débauches sont outrés, si même ils ne sont faux. Je n'ai jamais vu une plus éclatante personnification de la jeunesse et de la santé. Dans tous les cas, s'il était aussi libertin que Biondello l'a représenté, ce serait une véritable sirène, et personne ne saurait lui résister.

Il s'est ouvert à moi dès le premier abord; il est convenu, avec une charmante naïveté, qu'il n'est pas fort bien avec son oncle, et que c'est un peu sa faute; mais il va, dit-il, se faire plus raisonnable, et il espère que le prince l'aidera dans l'accomplissement de cette résolution, aussi bien que dans sa réconciliation avec le cardinal. Il assure que personne n'a plus d'influence sur l'esprit de ce dernier. Enfin, il ajoute que tous ses torts, jusqu'à ce moment, sont venus de ce qu'il manquait d'un guide sage et d'un ami fidèle, et qu'il a trouvé l'un et l'autre dans notre prince.

Tel est, en effet, le rôle que joue ce dernier auprès de Civitella ; il est son mentor, et il le surveille avec une amicale sévérité ; mais ces rapports même donnent au marquis certains droits qu'il est loin de négliger. Il est de toutes les parties du prince ; il ne fait plus qu'un avec lui. Le Bucentaure est le seul lieu où il ne puisse l'accompagner : son âge lui en ferme l'entrée, et je ne vois là rien de malheureux pour lui. Son habitude invariable, partout où il se trouve avec le prince, est de le séquestrer de la société, en l'attirant à l'écart et en le captivant par des conversations particulières.

On assure que personne n'a pu jusqu'ici prendre le moindre empire sur l'esprit de Civitella, et que, si le prince fait ce miracle, il méritera une légende. Mais gare au revers de la médaille ! Si les rôles allaient changer, et si le maître ne se trouvait être que l'élève ! Malheureusement, ce soupçon ne me vient que trop naturellement à l'esprit, quand j'observe de près cette liaison.

Le prince de D... a quitté Venise, à notre satisfaction générale, sans même excepter le prince. Mes prévisions, mon cher O..., se sont entièrement réalisées. Tant d'accord ne pouvait durer entre deux caractères si différents. Plus leurs relations étaient intimes, plus ils avaient d'occasions de se heurter. Il n'y avait pas une semaine que le prince de D... était à Venise, qu'il avait jeté la division dans toutes les sociétés, et que notre prince, grâce aux bons offices de son rival, se voyait menacé de perdre la moitié de ses admirateurs. Partout où il paraissait, il se trouvait en face de ce concurrent jaloux de ses honneurs, et la position était d'autant plus dangereuse, que ce dernier se servait sans scrupule de sa confiance en lui-même, pour tirer le plus grand parti des moindres avantages que notre prince lui laissait prendre. Ayant d'ailleurs à sa disposition mille manœuvres dédaignées de notre maître, il mettait insensiblement de son côté les gens qui ne jugent que l'apparence, et se faisait un triste parti dans Venise[1].

Ce qu'il y avait de mieux à faire était, sans doute, de ne point entrer en lice avec un tel adversaire, et, quelques mois plus tôt, le prince se fût certainement arrêté à cette décision; mais, quand il vit le fond des choses, il n'était plus temps. Le courant où il s'était imprudemment jeté l'emportait

---

[1] Tous ceux qui ont l'honneur de connaître le prince de D..., et qui apprécient son esprit et son caractère, trouveront sans doute trop sévère le jugement du baron de F...; mais il faut faire la part à la jeunesse et aux préventions de celui-ci.

(*Note du comte d'O...*)

avec trop de vitesse, pour qu'il lui fût possible de regagner le bord. Toutes ces misères recevaient, des circonstances où il se trouvait, une importance qu'elles n'auraient point eue pour lui à une autre époque ; et il s'entêtait à rester à Venise, de peur qu'on ne prît son départ pour une défaite.

Les choses en étaient là, lorsqu'on s'est permis de part et d'autre des propos imprudents. Des gens officieux les ont rapportés, en ayant soin de les envenimer encore ; bref, les deux partis se sont prononcés, et l'esprit de rivalité et de jalousie qui animait les partisans s'est manifesté jusque dans les chefs. Pour conserver ses conquêtes et se maintenir à la hauteur de sa réputation, le prince a cru devoir plus que jamais s'efforcer de briller, d'obliger et de plaire, et il n'a pas vu d'autre moyen d'y parvenir que d'augmenter ses dépenses et son train de maison. Présents, fêtes, concerts, se sont succédés sans interruption. On a joué, et on a joué un jeu fou. Cette dernière manie, qui ne s'arrête jamais, a passé des princes à leur suite. Ça été alors, de part et d'autre, à qui déploierait, pour l'honneur du maître, le plus d'insouciance et d'audace ; combat inégal, dans lequel la caisse du nôtre a dû souvent venir au secours de la bourse de ses gens....

Et tout cela était la conséquence fatale d'un moment de faiblesse !

Nous voici, à la vérité, délivrés de notre rival ; mais le mal qu'il nous a fait reste et n'est pas facile à réparer. Le coffre fort du prince est épuisé. Quelques mois ont dévoré les économies de quatre ans. Nous ne pouvons demeurer plus longtemps à Venise sans faire des dettes. Aussi, pour éviter ce péril, auquel nous nous étions soigneusement dérobés jusqu'à ce jour, nous partirons dès que nous aurons reçu des traites dont l'arrivée ne peut se faire attendre.

Si du moins, de toutes ces dépenses, notre prince avait retiré quelque joie qui pût le dédommager, je me consolerais pour lui; mais jamais il ne fut moins heureux qu'à présent. Il sent qu'il n'est plus ce qu'il a été; il se cherche lui-même, et, mécontent de ne point se trouver, il se jette, pour échapper à des réflexions cruelles, dans des distractions qui ne font qu'aggraver son état. Chaque jour une nouvelle connaissance vient ajouter un piège de plus aux embûches dont il est entouré. Je me demande comment tout cela finira? Il faut partir; je ne vois pas d'autre salut pour nous; il faut partir, il faut quitter Venise.

Mais, mon cher comte, je ne reçois pas un mot de vous? Comment cela se fait-il? Hâtez-vous de m'expliquer ce silence.

VI.

Le baron de F... au comte d'O...

Quatrième lettre.

12 Juin.

Le jeune B...hel m'a remis le témoignage de bon souvenir que vous m'avez envoyé ; je vous en rends mille grâces, mon cher ami. Mais de quelles lettres me parlez-vous? Je vous jure que je n'en ai pas reçu une seule. Il faut qu'elles aient pris quelque chemin détourné. Désormais, mon cher O..., écrivez-moi sous l'adresse du prince, et envoyez par Trente.

Ce déplorable expédient dont je vous parlais dans ma dernière lettre, et que nous avions eu le bonheur d'éviter jusqu'ici, nous nous sommes vus enfin forcés d'y avoir recours. Les mandats que nous attendions n'arrivant point, et le besoin d'argent devenant plus pressant de jour en jour, nous avons pris le parti de traiter avec un usurier. Le prince a mieux aimé payer plus chèrement un inconnu, que de révéler sa détresse à un ami. Au reste, ce qu'il y a de plus fâcheux dans cet embarras de finances, c'est **qu'il retarde nécessairement notre départ.**

J'ai profité de l'occasion pour m'expliquer avec le prince. Biondello seul a paru dans cette affaire. Avant que j'eusse le moindre soupçon, le juif mandé par lui avait versé ses fonds. Je ne l'ai aperçu qu'au moment où il sortait de l'hôtel. A cette vue, je n'ai pu composer l'expression de ma figure, et mes yeux ont laissé lire au prince ce qui se passait dans mon âme.

J'étais au supplice de le voir réduit à une si humiliante extrémité. Le souvenir du passé et la crainte de l'avenir s'unissaient pour m'oppresser le cœur. Le prince de son côté ne semblait pas à l'aise. Ce qu'il venait de faire le tourmentait sans doute. Il marchait à grands pas dans la chambre. Les rouleaux d'or, déposés par le juif, étaient devant nous, sur une table. Nous gardions tous deux le silence ; et, ne sachant par quel mot ouvrir la conversation, je m'occupais machinalement à compter les carreaux des fenêtres de la Procuratie, qui s'élève en face de notre hôtel.

—Baron, me dit enfin le prince, je n'aime pas les figures soucieuses.

Je ne répondis point.

— Pourquoi vous taire? reprit-il. Votre visage n'annonce-t-il pas que vous avez le cœur plein d'un mécontentement qui ne demande qu'à s'exhaler? Je vous ordonne de parler. Je ne veux pas perdre les conseils merveilleux que me garde votre sagesse.

—Monseigneur, répartis-je, si j'ai l'air préoccupé, c'est pour la même raison qui vous tourmente aussi; car vous n'êtes pas plus calme que moi.

—Je sais que ma conduite est désapprouvée par vous depuis longtemps ; je sais... Que vous écrit le comte d'O...?

— Je n'ai reçu aucune lettre du comte d'O...

— Aucune! Pourquoi me faire un tel mystère? Vous échangez avec le comte des

confidences à mon sujet. J'en suis sûr.
Vous ne m'apprendrez donc rien en me
l'avouant! Je ne vous demande point, au
reste, quelles sont ces confidences.

— J'ai écrit trois lettres au comte d'O..,
depuis son départ ; mais je vous assure que
j'attends encore sa réponse à la première
de ces lettres.

— Alors, j'ai été injuste ; n'en parlons
plus.

Il fit encore quelques tours dans la chambre ; puis, s'arrêtant devant la table, et soulevant un des rouleaux d'or :

— Voilà mon tort, dit-il. N'est-il pas
vrai, baron ?

— Hélas! monseigneur, c'est un tort
nécessaire.

— Mais je n'aurais pas dû le rendre
nécessaire ?

Je ne répondis point.

— Sans doute! s'écria le prince avec

exaltation, ma faute est d'avoir élargi la sphère de mes idées et de mes sentiments. J'aurais dû arriver à la vieillesse, comme je suis parvenu à l'âge mûr. On trouvera mauvais que j'aie rompu la triste uniformité où languissait ma vie; que j'aie promené mes regards autour de moi, pour voir si quelque source de bonheur inconnue au vulgaire....

— Si vous n'avez fait qu'un essai, monseigneur, je n'ai plus rien à dire. L'expérience que vous avez acquise, vous eût-elle coûté trois fois plus encore, ne serait point payée trop chèrement. Tel n'était pas le sujet de mon chagrin. Il me semblait que vous aviez entièrement abandonné la question de votre bonheur à l'opinion du monde.

— L'opinion du monde! Si vous la méprisez, baron, félicitez-vous, comme je vous félicite. Je suis l'ouvrage de cette opinion, moi; il faut que j'en sois l'esclave. Que sommes-nous, je vous prie, nous autres princes, si ce n'est opinion? Tout en nous n'est-il pas opinion? Notre enfance a-t-elle une autre nourrice? Notre âge mûr une autre maîtresse? Notre vieillesse une autre béquille? Otez nous ce que l'opinion nous donne, et voyez si nous ne sommes pas plus mal partagés que le dernier individu de la dernière classe sociale, qui a l'esprit de son état? Un prince qui rirait de l'opinion... Eh! mais, ce serait un prêtre qui nierait Dieu.

— Cependant, monseigneur....

— Je sais ce que vous allez me dire.... Que je puis franchir le cercle où m'a enfermé ma naissance? D'accord; mais puis-je aussi effacer de ma tête et de mon cœur tous les jugements et tous les sentiments faux que mon éducation y a imprimés? Puis-je briser d'un seul coup les habitudes qui me sont venues avec la vie, et dont les nœuds sont encore multipliés et resserrés à chaque instant par les préceptes et les exemples des sots qui pullulent autour de nous? Chacun veut être complètement ce qu'il est. Or, qu'est-ce que notre existence? Paraître heureux. Ne pouvant l'être à notre façon, faut-il donc renoncer à l'être d'aucune autre? La source première et véritable du bonheur nous est fermée; est-ce une raison pour refuser, de la main qui nous enlève toutes les jouissances réelles, les jouissances illusoires qu'elle nous présente à leur place?

—Jusqu'ici, cependant, vous avez trouvé les premières dans votre cœur.

— Si je ne les y trouve plus, pourquoi m'en faire souvenir? Et si j'excite en moi le tumulte des sens, pour étouffer une voix intérieure qui fait mon supplice! Si j'espère échapper, par ce moyen, à la raison, cette faucille acérée qui va tranchant sans cesse dans mon cerveau les plus vertes branches de mon bonheur.

— Cher prince!....

Il ne m'écoutait point. Après s'être levé brusquement, il allait et venait par la chambre, dans une agitation effrayante [1].

— Quand je n'obtiens aucune réponse de tout ce que j'interroge, devant et derrière moi; quand je ne trouve dans le passé qu'une suite uniforme de ruines et de cadavres; quand l'avenir toujours enveloppé de ses voiles semble craindre de me laisser surprendre le moindre de ses mystères; quand le cercle étroit du moment actuel sert de limite à toute mon existence; qui

---

[1] Je fais mon possible, mon cher O... pour vous transmettre fidèlement les paroles du prince. Si j'y change quelque chose, vous pouvez être sûr que c'est seulement dans l'ordre ou la forme. Quant au fond, je ne peux qu'ôter au prince, n'ayant rien à lui donner, je l'avoue franchement.

(*Observation du baron de F...*)

peut me blâmer de m'attacher à ce maigre présent du temps, comme à un ami qui va me quitter pour jamais, et de m'empresser de jouir de ce trésor fugitif, ainsi que le vieux pontife de sa tiare. Ah! j'ai appris à sentir la valeur de ce moment qui ne revient plus lorsqu'il est passé. La plus tendre mère ne mérite pas plus d'amour des enfants qui lui doivent chaque instant de leur vie.

— Il fut un temps, monseigneur, où vous connaissiez des biens plus durables !

— Ah ! rendez-moi mes illusions si vous pouvez ! Relevez devant mes yeux cet édifice écroulé comme un château de nuages, et mes bras s'étendront de ce côté avec plus d'empressement que jamais ! En attendant, à quoi bon me fatiguer, sans plaisir et sans fruit, pour faire le bonheur de quelques fantômes qui s'évanouiront bientôt avec moi-même. Car tout se presse et s'enfuit autour de moi. Chacun pousse son voisin pour dérober avant lui quelques gouttes à la source de l'existence, et les savourer ensuite, s'il en a le temps. En cet instant même, où je sens ma force et où j'en jouis avec plénitude, je suis déjà plus d'à moitié cadavre, et un autre reçoit la part de vie qui m'abandonne... Encore une fois, baron, montrez-moi un seul être qui dure, et je serai vertueux !

— Comment se sont détruits en vous ce salutaire empressement à semer pour l'avenir, et cette conscience de votre œuvre passagère dans l'œuvre éternelle, qui ont suffi si longtemps au bonheur de votre vie ?

— Avenir et œuvre éternelle ; mots vides et sonores ! Retranchez de ce que vous leur faites dire tout ce qu'à inventé l'imagination de l'homme, et tout ce qu'il a substitué à sa véritable destinée, dans les intérêts d'une divinité fictive qui s'appelle la Nature ou la

Loi, et après cela veuillez me dire ce qui nous reste !

« Le passé et l'avenir me font l'effet de deux rideaux impénétrables, abaissés aux deux bouts de notre vie, sur notre origine et sur notre fin. Aucune main humaine n'a encore relevé ces rideaux. Des centaines de générations se tiennent devant, avec de pâles flambeaux, s'épuisant les yeux et la tête à regarder et à chercher ce qu'il y a derrière. Quelque-uns croient y reconnaître leur propre spectre agrandi, et reculent d'épouvante. Les poëtes, les philosophes et les législateurs y tracent divers caractères, suivant leur fantaisie et leur illusion, suivant les temps et les climats. Une foule de jongleurs se joignent encore à eux pour exploiter la curiosité générale, et ravissent les esprits crédules par les apparitions de toute sorte qu'ils font passer et repasser sur le rideau immobile. Par de-là, règne un morne silence. Aucun de ceux qui passent derrière ne répond à ceux qui restent devant ; ou, si quelque bruit revient à ces derniers, c'est comme l'écho sourd et lointain d'une voix inconnue dans un abîme sans fond. Cependant chacun à son tour doit aller de l'autre côté du rideau. On fait ce voyage court et terrible en se demandant, avec des transes mortelles, qui se trouvera là pour nous recevoir ! *Quid sit id, quod tantum morituri vident ?*

« Il s'est bien rencontré des spectateurs qui ont soutenu que les rideaux eux-mêmes ne sont qu'une tromperie humaine, et qu'on ne trouve rien au-delà, attendu qu'il n'y a rien à trouver. Mais on s'est empressé de les envoyer voir, pour mieux les convaincre.

— C'est ce qu'on avait de mieux à faire pour eux-mêmes : ne voyant rien d'un côté, ils n'avaient rien à perdre de l'autre.

— Quant à moi, mon cher baron, j'ai

pris le parti de laisser les curieux regarder derrière les rideaux. L'insouciance est devenue ma sagesse ; le présent ma grande affaire. Et ce présent m'est d'autant plus précieux désormais, que je l'ai sottement négligé pendant mes projets de conquêtes intellectuelles. Ce que vous nommez le but de mon existence ne me regarde plus. Je n'en avancerais, ni n'en reculerais le terme. Je sais qu'il arrivera ; je n'en saurai jamais davantage ; je n'ai que faire d'y songer inutilement. Je suis un messager qui porte quelque part une lettre cachetée. Je n'ai à toucher que le port de cette lettre ; que m'importe le contenu !

— Hélas ! vous réduisez à bien peu de chose la destinée humaine !

— Mais, où nous a entraînés tout ceci ? s'écria le prince, en rejetant les yeux, avec un sourire involontaire, sur les rouleaux d'or de l'usurier.

— Au reste, reprit-il, cette explication vous fera comprendre, et peut-être approuver mon nouveau genre de vie. Vous ne vous étonnerez plus si je me livre à tout ce qui peut m'entraîner, et si j'évite à tout prix la réflexion, cette source de souffrance, qui est pour moi pire que la mort....

Ici nous fûmes interrompus par une visite. Je vous parlerai bientôt d'une aventure à laquelle vous ne pouvez guère vous attendre après une telle conversation.

VII.

Le baron de F... au comte d'O...

Cinquième lettre

1er Juillet.

Depuis que nous sommes à Venise, mon cher comte, nous avions toujours remis de visiter les monuments et les tableaux remarquables que renferme cette ville ; mais, voyant approcher le moment de notre départ, nous avons consacré toute cette semaine à réparer notre négligence.

Un des tableaux qu'on nous avait le plus vantés, est celui des noces de Cana, par Paul Véronèse, qui se voit dans un couvent de Bénédictins de l'île Saint-George. N'espérez pas, mon ami, que je vous donne une idée de ce chef-d'œuvre : je l'ai trop admiré, pour pouvoir le décrire. Et d'ailleurs, comment expliquer, dans tous ses détails, une composition de cent vingt figures, sur une dimension de plus de trente pieds? Si l'œil d'un homme pouvait embrasser un tel ensemble, sans perdre aucune des beautés que le pinceau de l'artiste y a semées partout à profusion, il faudrait, du moins pour cela, autant d'heures que nous y avons employé de minutes.

Et une toile de cette importance, au lieu

d'être exposée dans un édifice public, à l'admiration universelle, est enfouie dans la salle obscure d'un réfectoire de moines !

Du reste, indépendamment du tableau de Paul Véronèse, le couvent des Bénédictins possède une église qui ne mérite pas moins l'attention des voyageurs.

Le même jour où nous fîmes cette excursion dans l'île Saint-George, nous allâmes passer une soirée délicieuse dans les beaux jardins de la Giudecca. Dès que nous fûmes arrivés, notre compagnie, qui n'était pas nombreuse, se dispersa dans les promenades, et le marquis de Civitella m'entraîna dans un bosquet, pour un entretien particulier qu'il cherchait depuis le matin à entamer avec moi.

— Baron, me dit-il, vous êtes l'ami du prince, et je tiens de bonne source qu'il n'a point de secrets pour vous. Comme j'entrais aujourd'hui dans son hôtel, j'en ai vu sortir un homme dont je connais le métier ; et, en abordant le prince, je lui ai trouvé l'air préoccupé.

J'ouvris la bouche pour l'interrompre...

— Ne niez rien, dit-il vivement, j'ai vu l'homme dont je vous parle, comme je vous vois, et je le connais à ne pouvoir m'y méprendre. Comment se fait-il donc que le prince, entouré, comme il l'est ici, d'amis qui lui sont dévoués de corps et d'âme, leur fasse l'injure de s'adresser à des créatures telles que celle que j'ai rencontrée à sa porte ? Soyez franc, baron ! Le prince est-il gêné ? Si cela est, vous me le cacheriez en vain. Je saurai l'apprendre par l'homme qu'il a employé, et qui n'a point de secrets à l'épreuve de l'argent.

— Monsieur le marquis !...

— Vous me trouvez peut-être indiscret. Excusez-moi ; si je le suis, c'est uniquement pour n'avoir pas à me reprocher d'être ingrat. Je dois la vie au prince, je lui dois même plus que la vie ; car il m'en a appris le véritable usage. Et je le laisserais faire des démarches qui doivent lui coûter d'autant plus, qu'elles sont indignes de lui; quand nous n'avons tous deux qu'un mot à dire pour les épargner à sa délicatesse ! Non ; c'est impossible !

— La position du prince, répondis-je, n'est point celle que vous pouvez supposer. Plusieurs traites qui devaient nous arriver par Trente se trouvent en retard. C'est sans doute l'effet de quelque accident. Ou bien ceux qui sont chargés de les envoyer attendent peut-être des ordres précis, dans l'incertitude du moment de notre départ. Voilà la vérité... et ce matin... en effet...

Civitella hocha la tête.

— Ne prenez pas le change sur mes intentions, dit-il; je n'ai point la prétention de m'acquitter envers le prince. Je lui ai de telles obligations, que les trésors de mon oncle ne sauraient y satisfaire. Tout ce que je désire, c'est de lui épargner quelques instants d'embarras. L'immense fortune de mon oncle est à ma disposition comme à la sienne; le hasard tant cherché par moi m'offre l'occasion de rendre quelque service à mon sauveur; ne m'enviez pas, je vous prie, le bonheur d'en profiter.

—Je connais, continua-t-il, la délicatesse du prince; mais il doit aussi des égards à la mienne; et, en vérité, il ne serait pas généreux à lui de me refuser le plaisir d'alléger, par le plus faible tribut, le poids des obligations dont il accable ma reconnaissance.

Bref, le marquis ne me donna pas de trêve, que je ne lui eusse promis d'employer toute mon influence sur le prince, pour le décider à accepter sa proposition. Je ne lui laissai pas ignorer cependant que l'expérience acquise par moi du caractère de ce dernier me permettait peu d'espérance dans le succès de mon entreprise.

Quant aux conditions, Civitella n'en faisait point ; il se soumettrait à tout, pourvu seulement que le prince lui fit l'amitié de ne pas traiter avec lui comme avec un étranger.

La chaleur de notre conversation nous avait entraînés si loin, que nous avions perdu de vue nos compagnons. En nous hâtant d'aller les rejoindre, nous rencontrâmes Z..., qui ne semblait pas moins pressé ni moins désorienté que nous-mêmes.

— Je cherche le prince, nous dit-il, ne l'avez-vous point vu?

— Il y a une heure que nous l'avons quitté, et nous comptions le retrouver auprès de vous.

— Il nous a quittés aussi, et nous ne savons où il peut être.

Le marquis pensa qu'il avait sans doute eu l'idée de visiter une église voisine, dont il lui avait parlé avec éloge.

Nous courûmes tous le chercher de ce côté.

Nous étions encore assez loin de l'église, lorsque nous aperçûmes Biondello qui attendait à l'une des portes. Nous allâmes vers lui; mais, avant de l'avoir rejoint, nous vîmes le prince sortir précipitamment par un autre côté. Son visage était en feu; ses yeux errants cherchaient Biondello. Dès qu'il l'eut aperçu, il l'appela tout haut par son nom. Biondello fut à l'instant près de lui. Il lui dit quelques mots à l'oreille, d'un air préoccupé, et sans détacher son regard de la porte qui était restée ouverte derrière lui. Ses ordres reçus, Biondello rentra vivement dans l'église, et le prince, se frayant un passage à travers quelques groupes de peuple, s'éloigna sans nous avoir remarqués. Quelques instants après, nous le trouvâmes au milieu de sa suite qu'il venait de rejoindre.

Il y avait dans le jardin un pavillon ouvert. On convint d'y souper, et on y trouva en arrivant un concert qu'avait fait préparer le marquis sans nous en prévenir. Entre autre voix qui nous ravirent, nous entendîmes avec délice celle d'une jeune chanteuse qui joignait au charme de son organe une figure plus charmante encore.

Cependant, le prince paraissait insensible à tout cela. Il ouvrait à peine la bouche, répondait distraitement à ceux qui lui adressaient la parole, et tenait ses yeux invariablement tournés du côté où devait reparaître Biondello, qu'il semblait attendre avec une extrême impatience. Civitella lui demanda comment il avait trouvé l'église qu'il avait visitée. Il balbutia une réponse insignifiante. On cita les principaux tableaux qui avaient pu attirer son attention. Il ne les avait point remarqués. Enfin, chacun interrompit ses questions, comprenant qu'elles l'importunaient.

Des heures s'écoulèrent, et Biondello ne revenait point. L'impatience du prince devint un supplice. Il quitta la table, et gagna une allée voisine, où il se mit à marcher à grands pas.

— Quelle pouvait être la cause d'une telle agitation? C'est ce que nous nous demandions tous vainement. Il y avait trop longtemps que toute familiarité était disparue entre le prince et nous, pour que je me hasardasse à l'interroger sur ce mystère. J'attendis donc le retour de Biondello qui pouvait seul m'en donner l'explication.

Il était plus de dix heures quand Biondello reparut. Le prince, après avoir reçu avec empressement les nouvelles qu'il lui rapportait, devint plus silencieux encore qu'auparavant, et nous rejoignit avec un air d'humeur que rien ne put dissiper; si bien, qu'après quelques moments de froide conversation, entrecoupée de longs silences, on demanda les gondoles et on reprit le chemin de l'hôtel.

La soirée s'acheva sans que je pusse aborder Biondello; je fus donc obligé de remettre au lendemain la satisfaction de ma curiosité. Le prince ne demeura que quelques instants avec nous, et j'allai me coucher de bonne heure; mais, les mille conjectures qui me passaient par la tête m'ayant tenu éveillé, je l'entendis long-temps marcher dans sa chambre qui était au-dessus de la mienne. A la fin, le besoin de repos l'emporta, et je m'endormis.

J'étais encore dans mon premier sommeil, lorsqu'une voix retentit près de mon lit, et une main passa sur mon visage. Je r'ouvris les yeux, et je tressaillis de surprise, en voyant le prince à mon chevet, un flambeau à la main.

Il ne pouvait dormir, me dit-il, et il me priait de veiller avec lui.

Je voulus me lever. Il me le défendit d'un geste bienveillant, et s'assit familièrement sur mon lit.

— Aujourd'hui, me dit-il, une aventure m'est arrivée, dont l'impression ne s'effacera jamais de mon âme. Je m'étais écarté, comme vous savez, pour aller visiter l'église de... Civitella l'avait recommandée à mon attention, et ce que j'en apercevais de loin m'engageait à l'examiner de près. N'ayant alors près de moi ni vous, ni le marquis, je traversai seul le court espace qui me séparait du monument. Je m'aperçus en arrivant que Biondello m'avait suivi, je lui commandai de m'attendre à la porte, et j'entrai.

L'église était entièrement déserte. Un

frisson me courut par le corps tandis que j'avançais dans la nef. J'attribuai cette impression au contraste de l'obscurité et de la fraîcheur du lieu avec l'atmosphère chaude et brillante que je venais de quitter. J'étais seul sous une voûte immense; un silence sépulcral régnait autour de moi; j'entendais ma respiration. Je me plaçai au centre du dôme, et de là, embrassant tout l'édifice, je m'abandonnai aux impressions qui m'arrivaient en foule. Insensiblement, les majestueuses proportions du temple se développaient à mes yeux. Le plaisir que je trouvais à cette contemplation était un plaisir inconnu que je ne saurais définir. La cloche sonnait l'Angelus, et ses tintements prolongés venaient mourir à la fois dans la nef et dans mon âme. Je m'approchai de quelques tableaux qui avaient attiré mon attention du côté de l'autel. Peu à peu, je traversai ainsi toute une partie de l'église, et j'arrivai à l'extrémité opposée à la grande porte. Là, je montai les marches d'un escalier qui, en tournant un pilier de la nef, conduisait à une chapelle latérale ornée de plusieurs petits autels et de quelques statues de saints dans leurs niches.

Comme je prenais à droite pour m'avancer dans cette chapelle, j'entendis, presqu'à mes côtés, le bruit d'une voix qui parlait bas ; je me détournai, et à deux pas de moi, mes yeux rencontrèrent une figure de femme... Cette figure !... je tenterais vainement de vous la dépeindre.

Mon premier mouvement fut un mouvement d'effroi ; mais bientôt la plus douce admiration s'empara de tout mon être...

— Mais cette figure, mon prince, était-elle bien ce que vous avez cru? N'avez-vous point pris un produit de l'art pour une créature vivante? Ou votre imagination frappée n'a-t-elle point évoqué à vos yeux un fantôme?...

— Laissez-moi achever, je vous prie; c'était bien une femme...., ou plutôt, c'était la beauté même incarnée dans une femme ; car le premier regard que je jetai sur elle fut pour moi comme la révélation d'une perfection que je n'avais jamais connue, que je n'avais jamais rêvée ! Les derniers rayons du soleil couchant, qui arrivaient par une fenêtre, semblaient se réunir sur cette seule figure, qui se détachait, lumineuse et calme, des masses d'ombre épaissies autour d'elle. Agenouillée, et presque couchée devant un autel, il y avait dans son attitude une humilité touchante, une grâce indéfinissable. C'était le contour le plus pur, la pose la plus harmonieuse, la ligne la plus belle de la nature ! Sa robe, de crêpe noir, après avoir dessiné une taille divine, et des bras dignes de cette taille, tombait en larges plis de ses hanches à ses pieds, à la manière espagnole. Ses longs cheveux, d'un blond cendré, rassemblés en deux larges tresses, et tombant de leur propre poids de dessous son voile, pendaient négligemment autour de son col. D'une main elle tenait un crucifix; sur l'autre elle s'appuyait, mollement penchée. Je voudrais bien vous donner une idée de sa physionomie; mais, encore une fois, comment vous peindre ce mélange inouï de la beauté terrestre et de la pureté angélique? car elle semblait un ange agenouillé devant le trône de Dieu, et les derniers rayons du jour formaient son auréole. Vous rappelez-vous la *Madone* de notre peintre florentin? C'était elle que je retrouvais là tout entière, sans en excepter même ces piquantes irrégularités qui ne faisaient qu'ajouter au charme irrésistible de sa figure.

(Voici, mon cher comte, l'histoire de cette madone. Peu de temps après votre départ, on présenta au prince un peintre de Florence qui venait d'exécuter à Venise un tableau d'autel, pour je ne sais plus quelle église. Il avait apporté trois toiles qu'il destinait à la galerie du prince Cornaro. C'étaient une madone, une Héloïse et une Vénus. La dernière était presque nue. Ces trois figures, de genres si différents, étaient si également parfaites, qu'il semblait impossible de faire un choix entre elles. Le prince seul n'hésita pas un instant. Il n'eut pas plutôt aperçu la madone, qu'il n'eut de regards que pour elle. Dans l'Héloïse et la Vénus, il admirait le génie du peintre; devant la madone, il oubliait et l'art et l'artiste pour ne voir que le chef-d'œuvre. Cette préférence lui faisait d'autant plus d'honneur, qu'elle était secrètement partagée par le peintre. Aussi, celui-ci refusat-il obstinément de séparer les trois figures, pour lesquelles il demandait quinze cents séquins. Le prince offrit la moitié de cette somme pour la seule madone. Le peintre tint bon, et je ne sais comment le débat se serait terminé, s'il ne fût survenu un amateur plus hardi, qui acheta le tout. Deux heures après, les tableaux étaient enlevés, et nous ne les avons plus revus. C'est à cette madone, qui l'avait tant séduit, que le prince faisait allusion).

— Pendant que j'oubliais tout, poursuivit-il, pour contempler mon inconnue, elle ne m'aperçut point, tant elle semblait difficile à distraire de sa pieuse préoccupation! Elle adorait son Dieu, et moi je l'adorais elle-même; car tel était, j'en conviens, le sentiment qui m'absorbait en sa présence. Dans ces statues de saints, dans ces cierges, dans ces autels qui s'offraient de tous côtés à mes regards, rien ne m'avait encore fait songer à la destination sacrée du lieu où j'étais. A la vue seule de cette femme, j'avais été saisi de ce tremblement religieux qu'on éprouve dans un sanctuaire. Vous l'avouerai-je ? Je croyais en ce moment au Dieu crucifié dont sa belle main pressait l'image. Il me semblait lire dans ses yeux entr'ouverts la réponse du Christ à ses humbles supplications. Sa dévotion touchante me faisait plier les genoux, et mon âme suivait son âme au ciel.

Je ne revins à moi que quand elle se leva, et ce fut alors qu'elle m'aperçut, en se détournant au bruit que je faisais pour me retirer de son passage. L'aspect d'un inconnu si près d'elle pouvait la surprendre ; elle pouvait s'offenser de ma hardiesse ; ni l'un ni l'autre de ces sentiments ne s'annonçait dans le regard qu'elle laissa tomber sur moi. Je n'y trouvai qu'une expression de paix profonde et de béatitude inaltérable. Un sourire plein de bonté effleurait ses joues. Elle descendait du ciel, et j'étais le premier homme qui s'offrit à son œil bienveillant. Les derniers mots de sa prière voltigeaient sur ses lèvres; ses pieds n'avaient point encore touché la terre.

Tandis qu'elle quittait sa place, il se fit un autre mouvement derrière moi, dans un coin de la chapelle. C'était une dame âgée qui se relevait d'un prie-Dieu. Je ne l'avais pas encore remarquée, quoiqu'elle fût à très peu de distance de moi, et elle avait pu deviner mon émotion dans tous mes gestes. Cette idée me troubla. Je baissai les yeux, et pendant que je me remettais, les deux femmes s'éloignèrent rapidement en passant près de moi.

Voyant, à l'air dont le prince appuyait sur cette dernière circonstance, qu'elle lui inspirait quelqu'inquiétude, je fis ce que je pus pour le rassurer à ce sujet; et après m'avoir écouté avec complaisance :

— C'est une chose étrange, continua-t-il, en reprenant le cours de ses pensées, que toute notre vie se concentre subitement dans un objet qui n'avait jamais existé pour nous, et dont rien ne nous eût fait sentir l'absence. Comment un homme peut-il ainsi dans un instant devenir un autre homme? Me rattacher aujourd'hui à mes projets et à mes plaisirs d'hier me serait aussi impossible que de retourner aux jeux de mon enfance. Depuis que j'ai vu cette femme; depuis que son image est là... comme celle de Dieu dans cette église, je n'ai plus qu'une pensée. Elle remplit mon être, elle absorbe toutes les facultés de mon âme. Je sens, je sais, je vois que je ne puis aimer que cette femme, que rien autre ici-bas ne saurait faire impression sur moi!

— Monseigneur, observai-je, n'oubliez

pas dans quelle disposition d'esprit vous a trouvé cette apparition, et combien l'effet a dû en être doublé par les circonstances qui venaient se réunir pour monter votre imagination. Vous passez d'abord, comme vous l'avez remarqué vous-même, du tumulte de la rue aux ténèbres silencieuses de l'église. Toutes les sensations que peuvent produire le calme profond et l'imposante majesté de ce lieu viennent vous assaillir à la fois. Les chefs-d'œuvre de l'art qui frappent vos yeux réveillent dans votre âme un idéal de beauté dont la réalisation vous semble impossible à la nature. Et à cet instant même, tandis que vous vous croyez parfaitement seul, une femme vous apparaît! Je veux bien qu'elle soit aussi belle que vous dites. Mais convenez que, le fût-elle moins, elle ne pouvait manquer de vous impressionner vivement, en se montrant à vous dans un moment si opportun, sous un jour si favorable, dans une attitude si heureuse et avec une expression si séduisante? Quoi de plus simple alors que votre imagination, exaltée par tous les accessoires du tableau qui se déployait devant elle, ait trouvé à la principale figure une perfection poétique, qui pourrait fort bien recevoir un démenti de la réalité.

—L'imagination peut-elle donc produire ce qui n'est pas en elle, rendre ce qu'elle n'a jamais reçu? Y a-t-il rien dans son domaine qui ressemble à cette céleste figure? Elle est là, devant moi, vivante et complète, comme au moment où mes regards l'embrassaient. Je ne possède que cette image; mais je ne la donnerais pas pour le monde entier.

—Alors, monseigneur, c'est de l'amour?

— Ce qui fait mon bonheur a-t-il donc besoin d'avoir un nom? L'amour! Ah! c'est ainsi que les âmes vulgaires nomment leur moindre fantaisie ; ne ravalez point par cette grossière désignation le sentiment sublime qui remplit mon âme !

—Comment voulez-vous donc l'appeler?

—Il est nouveau, comme l'être qui l'a inspiré, et qui n'existait point auparavant. Quel autre homme éprouva jamais ce que j'éprouve? L'amour ! Oh non ! ce que vous entendez par ce mot n'est pour rien dans ce que je sens !

—Quand vous avez dépêché Biondello vers l'église, c'était sans doute pour suivre les traces de votre inconnue, et recueillir des informations sur elle. Quelles nouvelles vous a-t-il rapportées ?

—Aucunes. Il n'a rien découvert; rien du moins de satisfaisant. Il a rencontré la dame à la porte de l'église. Un homme l'y attendait et l'y a reçue. Cet homme était d'un certain âge, convenablement vêtu, et ressemblait moins à un domestique qu'à un bourgeois de Venise. Il a conduit la jeune femme à sa gondole. Des mendiants sont accourus sur son passage et l'ont quittée satisfaits. Pendant qu'elle leur distribuait ses aumônes, Biondello assure avoir aperçu à sa main plusieurs bagues de prix. Il l'a entendue parler à la dame qui l'accompagnait, mais dans une langue qu'il n'a pu comprendre. Il soupçonne que c'est la langue grecque. Pendant qu'elle traversait l'espace qui sépare l'église du canal, un rassemblement s'est fait au bord de l'eau. Le peuple s'arrêtait ou courait devant elle pour la voir passer. Elle était cependant inconnue à tout le monde. Mais tel était l'empire qu'exerçait sa beauté. Chacun se rangeait respectueusement pour lui faire place. Arrivée à sa gondole, elle y est entrée en laissant retomber sur son visage un voile qui le cachait à demi. Biondello l'a suivie du regard jusqu'au bout du canal de la Guidecca. Là, la foule l'a empêché de la suivre plus loin, et il l'a perdue de vue.

—Il a du moins remarqué le gondolier de façon à le reconnaître?

—Il l'espère. Malheureusement, il n'est pas de ceux avec lesquels il s'est mis en rapport. Quant aux mendiants qu'il a interrogés, tout ce qu'il a pu en apprendre, c'est que, depuis quelques semaines, l'inconnue vient dans l'île tous les samedis soir, et qu'elle leur donne régulièrement, à chaque fois, une pièce d'or à partager entre eux. La dernière qu'ils ont reçue est un ducat de Hollande; Biondello le leur a changé et me l'a remis.

—Jusqu'ici donc, il paraît que c'est une Grecque distinguée, riche et charitable. Pour une fois, monseigneur, en voilà beaucoup d'appris; peut-être trop. Et pourtant une Grecque!... dans une église catholique!...

— Elle peut avoir changé de religion. Néanmoins, j'avoue qu'il y a là plus d'un mystère à éclaircir. Pourquoi ne va-t-elle dans la Giudecca qu'une fois par semaine? Pourquoi tous les samedis soir particulièrement? Pourquoi dans cette église? Et pourquoi enfin, à une heure où il n'y a jamais personne, s'il faut en croire Biondello? Je saurai tout cela samedi prochain au plus tard. Mais aidez-moi, mon cher ami, à traverser cet intervalle immense. Les heures vont aller si lentement et mon cœur va si vite !...

— Que comptez-vous donc faire samedi, monseigneur?

— Ce que je compte faire? La voir ! m'informer de sa demeure, savoir qui elle est! Et, quand même je n'apprendrais rien, j'ai été heureux de la voir, je serai encore heureux en la revoyant !

— Et notre départ de Venise, que nous

avions fixé au commencement du mois prochain...

— Pouvais-je soupçonner que Venise **renfermait un trésor si précieux pour moi ?** Au reste, baron, vous me parlez de mon existence d'hier, et je ne vis, je ne veux vivre que d'aujourd'hui.

A cet endroit de notre entretien, je jugeai le moment favorable pour remplir la promesse que j'avais faite au marquis de Civitella. Je fis observer au prince que l'état de sa caisse et le peu de ressources qu'il trouverait dans sa cour, ne lui permettaient pas de prolonger plus longtemps son séjour à Venise.

Il m'apprit, à cette occasion, une chose que j'avais toujours ignorée, c'est que sa sœur, la princesse régnante de... lui envoie, à l'insu de ses frères, des sommes assez fortes, et qu'elle est disposée à lui en faire passer de plus considérables, s'il se voit abandonné de sa famille.

Vous savez que cette sœur est d'une dévotion exaltée, et qu'elle donne l'exemple de l'économie à la cour la plus économe de l'Europe. Elle ne croit pas sans doute pouvoir faire un meilleur emploi de ses épargnes, que de les offrir à un frère dont elle connaît l'excellent cœur, et qu'elle aime d'ailleurs avec une sorte d'enthousiasme.

Je savais qu'il existait entre elle et lui d'anciennes et étroites liaisons; mais, pouvant rapporter les dépenses du prince à des sources connues, je n'en imaginais pas de secrètes. Quel usage fait-il des sommes qu'il puise à ces dernières? Voilà ce qu'il m'est impossible d'imaginer. Tout ce que je puis affirmer, c'est que cet usage, quel qu'il soit, ne saurait être contraire aux nobles sentiments que je connais à notre prince. Toutefois, j'étais loin de songer qu'il pût avoir pour moi de semblables secrets.

Au reste, la découverte que je venais de faire me conduisait naturellement à parler au prince des offres de Civitella. Je ne fus pas peu surpris de le voir les accepter sans résistance aucune. Il m'autorisa à traiter avec le marquis comme je l'entendrais, et à rembourser immédiatement l'usurier. Cela ne l'empêcherait pas, dit-il, d'écrire encore à sa sœur, au premier moment.

Quand le prince me quitta, après toutes ces confidences, le jour commençait à paraître.

Quelque fâcheuse que me semble cette nouvelle aventure, sous beaucoup de rapports, le plus grand inconvénient que j'y trouve c'est la prolongation indéfinie de notre séjour en cette ville funeste. Je ne vois d'ailleurs rien d'inquiétant dans la nouvelle passion du prince. Elle sera au contraire d'un heureux effet, si elle l'arrache à ses divagations métaphysiques, et si elle le ramène au train de la vie réelle.

Cet amour aura sans doute sa crise, et alors il pourra ressembler à ces maladies passagères que la médecine ajoute quelquefois à des maladies plus graves et plus invétérées, pour enlever les unes par les autres.

Portez-vous bien, cher comte. Je vous ai écrit tout ceci à la hâte, sous l'impression du premier moment. Le courrier va partir; cette lettre vous arrivera avec la précédente.

VIII.

Le baron de F... au comte d'O...

Sixième lettre.

Ce marquis de Civitella est l'homme du monde le plus officieux. Le prince ne m'avait pas plus tôt quitté, après cette conversation que je vous ai racontée dans ma dernière lettre, que je reçus un billet très pressé. C'était le marquis impatient qui renouvelait ses propositions de la veille, en y joignant les plus vives instances. Je lui ai répondu immédiatement, au nom du prince, par une reconnaissance de six mille sequins. Au bout d'une demi-heure, Civitella m'a renvoyé la reconnaissance avec douze mille sequins en argent et en billets.

Le prince a paru d'abord mécontent de cette augmentation de la somme que j'avais demandée; mais il s'est décidé à accepter le tout, en faisant savoir au marquis qu'il eut à recevoir en retour une seconde reconnaissance payable dans six semaines.

Cependant tout notre temps se passe en perquisitions sur la mystérieuse Grecque. Biondello a mis à ce sujet toutes ses batteries en campagne, sans rien découvrir encore. Il a bien retrouvé le gondolier dont il attendait quelques renseignements;

mais tout ce que cet homme a pu dire, c'est qu'il a conduit les deux dames, de la Guidecca à l'île Murano, et qu'après les avoir remises à terre, il les a vues monter dans deux chaises à porteur qui les attendaient sur le rivage.

A l'accent de leur langue et à l'or qu'elles lui ont donné, il les a jugées Anglaises.

Il ne connaît pas davantage l'homme qui les accompagnait. Il a cependant quelques raisons de croire que c'est un fabricant de miroirs de Murano.

Quoiqu'il en soit, nous savons du moins que nous ne devons point chercher notre inconnue dans la Guidecca; car elle habite vraisemblablement l'île où elle s'est fait débarquer.

Ce qui rend difficile le succès de nos recherches, c'est que le signalement que donne le prince de sa dame ne peut en aucune façon servir à un tiers pour la reconnaître. L'attention ardente avec laquelle il l'a contemplée est précisément ce qui l'a empêché de la voir. L'original du portrait qu'il en trace se trouverait dans les poëmes du Tasse ou de Pétrarque, plutôt que dans l'île Murano. Ajoutez à cela que nous mettons la plus grande circonspection dans nos démarches, afin d'éviter à cette aventure une publicité qui pourrait être aussi dangereuse pour le prince que désagréable à la jeune femme.

Comme Biondello, qui l'a entrevue sous son voile, est le seul qui ait quelque chance de la reconnaître, il a visité tous les lieux où il pouvait la rencontrer. Ce pauvre garçon a passé la semaine entière à parcourir Venise dans toutes les directions. Le temple des Grecs surtout a été visité avec autant de soin que peu de succès. Pendant ce temps-là, chaque tentative inutile mettait au comble l'impatience du prince, et il a dû se résigner enfin à attendre le premier samedi.

J'ai cru qu'il ne pourrait arriver à ce terme si désiré. Son inquiétude était extrême. Aucun plaisir ne pouvait le distraire, aucune occupation le fixer. Une fièvre perpétuelle semblait lui dévorer le sang. La société lui était à charge, et la solitude le mettait au supplice. Cependant, comme son départ avait été annoncé les jours précédents, les visiteurs pleuvaient du matin au soir. C'était à qui viendrait le retenir ou lui dire adieu. Il fallait à la fois occuper tout ce monde, pour éviter des remarques fâcheuses, et l'occuper lui-même, pour l'empêcher d'y donner lieu par ses distractions.

Dans cette complication d'embarras, Civitella a imaginé de jouer, et de jouer gros jeu. C'était le meilleur moyen, disait-il, d'éclaircir la foule, et en même temps d'arracher le prince à son idée fixe et à ses rêveries romanesques, par des émotions contraires et puissantes.

—Les cartes, ajoutait-il spirituellement, m'ont souvent empêché de faire d'énormes sottises, ou du moins de les achever. J'ai plus d'une fois retrouvé à une table de Pharaon la raison et le repos que m'avaient enlevé deux beaux yeux ; et je ne suis jamais si disposé à me livrer tout entier aux femmes que lorsque je n'ai plus rien à donner au jeu.

Jusqu'à quel point avait-il raison? c'est ce que j'ignore. Ce que je sais, c'est qu'une fois employé, son remède est devenu promptement pire que le mal. Le prince a joué. Il a joué un jeu énorme et furieux. Sa tête s'est exaltée devant les cartes ; il s'est livré aux vicissitudes du hasard avec une sorte de rage. Loin de se calmer dans cette distraction, sa passion n'a fait que s'y exercer et s'y agrandir. Vous savez avec quelle indifférence il a toujours traité l'argent. Cette indifférence s'était changée en insouciance complète. L'or lui glissait entre les doigts comme du sable. Jouant sans relâche et sans réflexion, avec acharnement et désespoir, il a constamment perdu, et tant perdu, que (je vous annonce cela en tremblant, mon cher O...) les douze mille sequins de Civitella et quelques autres sommes encore n'ont pas duré plus de quatre jours.

Je me suis fait tous les reproches que vous pourriez m'adresser; mais qu'aurais-je fait, bon Dieu! pour arrêter un pareil torrent? Le prince m'écoutait-il? Et quand même il m'eût écouté, que pouvaient les froides remontrances de la raison et de l'amitié, contre la passion ardente qui l'entraînait? Hélas! Je vous jure que j'ai fait tout ce qui était en mon pouvoir, et que ma conscience ni mon cœur n'ont rien à me reprocher.

Civitella, de son côté, a perdu considérablement. Quant à moi, j'ai gagné à peu près six cents sequins. Ce qu'il y a de pis, c'est que le malheur du prince a fait du bruit dans Venise, ce qui l'oblige à continuer de jouer. Civitella ne voit en tout ceci qu'une occasion de s'acquitter envers celui qu'il ne cesse d'appeller son sauveur. Il nous a remis une somme égale à celle qui vient d'être perdue. Notre caisse est donc garnie de nouveau ; mais nous voici endettés de vingt-quatre mille sequins. Jugez s'il nous tarde de voir arriver les épargnes de l'excellente sœur !

Tous les princes se ressemblent-ils, mon cher O...? Le nôtre paraît convaincu qu'il fait le plus grand honneur à Civitella en acceptant ses offres de service ; et ce dernier, qu'il soit sincère ou non, a l'air du plus dévoué des hommes.

Le marquis, pour calmer mes inquiétudes, me soutient que les excès et les revers du prince sont précisément le chemin qui doit le ramener à la sagesse. Quant à l'argent, il nous défend de nous alarmer le moins du monde. Les sommes qu'il a prêtées au prince n'ont fait aucun vide dans sa caisse, et il est prêt à les quadrupler, s'il le faut. Je ne puis douter de la possibilité du fait, car le cardinal lui-même m'a assuré qu'il serait toujours disposé à se faire caution, auprès du prince, des promesses de son neveu.

Si du moins les énormes dépenses que nous faisons avaient le résultat qu'on m'en avait fait espérer, je m'en consolerais encore. Mais ni le jeu insensé du prince, ni ses pertes excessives ne lui ont fait oublier son amour. Il domine plus que jamais sa pensée et sa vie. Au lieu de l'affaiblir, les malheurs ne font que lui donner de nouvelles forces. J'ai vu souvent le prince, au moment d'un coup de cartes décisif, pendant que tout le monde s'empressait en frémissant autour de lui, se détourner froidement pour voir si Biondello ne lui apportait point quelques nouvelles insignifiantes sur son inconnue ! Biondello n'apportait rien, et l'argent du prince passait à ses adversaires.

Au reste, cet argent est tombé, par une sorte de providence, en des mains qui en avaient le besoin le plus pressant. Bien des excellences, qui, dit-on, allaient au marché en personne, coiffées du bonnet de sénateur, acheter les modestes éléments de leur frugal repas, sont sorties riches de notre hôtel, après y être entrées mendiantes.

— Voyez ! disait Civitella, en montrant ces honnêtes seigneurs, voyez à combien de pauvres gens profitent les sottises d'un homme d'esprit. Parlez-moi de cette façon de s'oublier. Un prince n'en doit pas avoir d'autre ; ses folies même doivent faire des heureux. C'est un torrent superbe qui ne déborde qu'en fécondant la plaine.

Voilà de nobles maximes, mais elles nous coûtent vingt-quatre mille sequins; et c'est un peu cher !

Le samedi si attendu est enfin arrivé ! A midi sonnant, rien n'a pu retenir le prince. Il a volé à cette église où sa pensée l'avait si souvent transporté d'avance. Il a couru à la place où il avait trouvé sa dame, et il s'y est installé, comme une sentinelle à son poste, de façon à tout voir avant d'être remarqué lui-même. La consigne de Biondello était de monter la garde à la porte de l'église, et, si les dames paraissaient, de lier conversation avec l'homme dont elles seraient accompagnées. A leur retour, je devais demander passage dans leur gondole, ou suivre leurs traces, dans le cas où d'autres mesures n'auraient point réussi.

Pour qu'aucune précaution ne manquât,

le chambellan Z... avait une gondole particulière à son service, et deux chaises à porteurs stationnaient, prêtes à partir, à l'endroit où les deux dames avaient débarqué le samedi précédent.

Le prince ne devait, dans aucun cas, quitter la chapelle. C'était là qu'il attendrait l'arrêt de sa destinée. Quant à Civitella, on avait jugé que sa mauvaise réputation auprès des dames de Venise rendrait son intervention plus propre à effaroucher l'inconnue qu'à l'attirer dans nos filets ; et il avait été décidé qu'il ne paraîtrait point dans l'expédition.

Vous voyez, mon cher comte, qu'il était impossible de faire avec plus de sagesse les préparatifs d'une folie.

Mais, si jamais vœux plus ardents ne furent faits dans une église, jamais ils ne furent plus mal exaucés. Le prince a passé sept heures, immobile à son poste, tressaillant aux moindres mouvements des portes, au plus léger bruit dans la chapelle, et tout cela inutilement. La Grecque n'a point paru !

Je ne vous peindrai point la situation de son âme, après un tel désenchantement. Vous savez ce que c'est qu'une espérance trompée ; mais imaginez une espérance dont on a exclusivement vécu pendant sept jours et sept nuits, et jugez ce que cela peut être.

IX.

Le baron de F... au comte d'O...

Septième lettre.

Août.

Non, mon cher comte, je ne puis partager vos soupçons sur Biondello. Vous croiriez à sa probité si vous voyiez comme moi toutes les preuves qu'il en donne chaque jour. Vous ne comprenez pas, dites-vous, qu'un homme doué de talents si distingués, remplisse d'une façon si exemplaire les humbles fonctions de domestique, à moins que ces fonctions ne soient un rôle dont il s'est chargé pour quelques raisons secrètes. Et les raisons de Biondello vous sont suspectes.

Mais qu'y a-t-il donc d'extraordinaire à ce qu'un homme de mérite se soumette à un maître qui peut l'apprécier et faire sa fortune? Quelle honte à servir à ces conditions? C'est particulièrement à la personne du prince que Biondello s'attache. Toute sa conduite le prouve clairement. Il lui a même avoué qu'il aurait bientôt une faveur spéciale à lui demander. La nature de cette faveur expliquera probablement ce que vous trouvez inexplicable. Je ne doute point qu'il n'ait quelques projets en tête ; mais je ne puis soupçonner l'honnêteté de ces projets.

Ce qui vous étonne surtout, c'est que Biondello ait caché, pendant les premiers mois de son service, les talents qu'il a laissé voir plus tard, et qu'il n'ait point cherché à fixer l'attention du prince tant que vous avez été ici. Votre objection est sérieuse et signale un fait remarquable. Mais, pendant l'époque dont vous parlez, dites-moi quelle occasion s'est offerte à Biondello d'être ce qu'il est devenu depuis? Le prince n'avait point encore besoin de ses talents, et c'est le hasard seul qui les lui a révélés.

Tout récemment encore, il a montré pour nous un dévouement qui va vous surprendre.

Le prince est observé de près à Venise. On cherche à connaître sa manière de vivre, ses goûts et ses relations. J'ignore ce qui peut lui valoir cette attention ou cette méfiance. Mais c'est un fait. Or, voici ce qui est arrivé.

Il y a, dans le quartier Saint-George, une maison publique que Biondello fréquente assidûment. Je ne sais quelle raison l'y attire. Je pense que c'est une affaire de cœur.

Un de ces jours, il y trouva installée une compagnie d'avocats et d'officiers du gouvernement, tous gens de belle humeur, avec qui il avait été lié autrefois.

En le voyant entrer, on se récrie de surprise et de joie, et la connaissance se renouvelle. On s'assied à la même table, chacun dit son histoire, et Biondello raconte la sienne en peu de mots. On le complimente sur sa nouvelle condition, qui semble devoir le mener loin. On parle de la somptuosité fort connue de la maison du prince, et de sa libéralité non moins célèbre pour les serviteurs fidèles et discrets. On sait encore qu'il est au mieux avec le cardinal A....i; qu'il aime le jeu, etc., etc.

Biondello s'étonne de toutes ces révélations inattendues, et feint d'en savoir beaucoup moins sur son maître que ses anciens amis. Mais ceux-ci ne prennent point le change, et le plaisantent sur son air de mystère. On n'ignore pas qu'il est le confident du prince.

Là-dessus, les rangs s'éclaircissent, et deux avocats s'emparent de Biondello. On lui verse à boire; on vide une bouteille, puis une autre, et on en demande une troisième. Biondello soutient que le vin l'incommode; on insiste; bref, il fait semblant de céder, pour voir où l'on en veut venir, et il se comporte comme un homme qui se laisse griser.

— Biondello sait passablement son métier, dit l'un des avocats; mais il pourrait le savoir mieux encore.

— Alors, faites-moi la leçon, dit Biondello.

— Il connaît, poursuit l'avocat, l'art de garder un secret qui lui est bien payé; mais il ignore celui de s'en défaire avec avantage.

— Y a-t-il ici un acquéreur? demanda Biondello.

Sur cette question, la salle fut évacuée par les autres convives; et les deux avocats, restés seuls avec Biondello, commencèrent à lui parler sans énigmes. Ils lui demandèrent des renseignements sur les rapports du prince avec le cardinal et son neveu; sur les sources où il puisait son argent.... Enfin, ils le prièrent d'intercepter, pour les leur remettre, les lettres que l'on écrirait au comte d'O....

Vous jugez que Biondello les a renvoyés à une autre fois. En attendant, armé de sa découverte, il a mis tout en œuvre pour savoir qui avait employé ces misérables. Ses recherches ont été vaines; mais il conclut des offres magnifiques qu'on lui a faites que les chefs de cette intrigue sont des gens riches ou puissants.

Biondello a confié tous ces détails à son maître, hier au soir. Le prince s'est pris d'une violente indignation, et a parlé de faire arrêter immédiatement les deux avocats. Mais Biondello a élevé, à ce sujet, plusieurs objections fort sages.

— Ces hommes, a-t-il dit, seront, quoi qu'il arrive, bientôt relâchés ; et alors, non seulement ma vie, mais mon crédit seront en péril. Tous ces intrigants se soutiennent entre eux, et mieux vaudrait se mettre à dos le grand conseil de Venise que d'avoir parmi eux la réputation d'un traître. Je perdrais donc les meilleurs moyens de servir le prince, en perdant la confiance que je me suis acquise parmi les agents de ses ennemis.

Tout en nous rendant à ces raisons, nous

avons fait mille conjectures sur cette mystérieuse tentative.

Qui peut, à Venise, chercher à connaître d'où vient et où va l'argent du prince, la nature de ses relations avec le cardinal, et le sujet de ma correspondance avec vous? Serait-ce le prince de D...? Ou bien cet Arménien que nous avons perdu de vue depuis si longtemps, va-t-il sortir de terre, et recommencer ses manœuvres?

FIN DU PREMIER VOLUME.

TABLE DU PREMIER VOLUME.

Préface. I
Le Visionnaire. 1
Livre premier. 5
Livre deuxième. 189
Première lettre du baron de F... au comte d'O..... 217
Deuxième lettre. 229
Troisième lettre. 239
Quatrième lettre. 249
Cinquième lettre. 265
Sixième lettre. 297
Septième lettre. 311

www.ingramcontent.com/pod-product-compliance
Lightning Source LLC
Chambersburg PA
CBHW060632170426
43199CB00012B/1527